Feeling

Inteligencia emocional aplicada a la venta

Raquel Davó Añón
Miguel Ángel Díaz Escoto

KOLIMA
BOOKS

Título original: *Feeling, Inteligencia emocional aplicada a la venta*

Segunda edición: Diciembre 2016

www.editorialkolima.com

Autores: Raquel Davó Añón y Miguel Ángel Díaz Escoto
Dirección editorial: Marta Prieto Asirón
Diseño de cubierta: Soda Comunicación
Maquetación: Carolina Hernández Alarcón

ISBN: 978-84-942358-7-0
Depósito legal: M-23213-2014
Impreso en España

Prólogo

Cada manual y método de ventas publicado hasta la fecha nos sumerge en un distinto enfoque a partir del cual abordar el proceso de venta. El objetivo común de la literatura en este terreno es la mejora de resultados, bien sea a través de la fidelización de los clientes, de seguir un proceso, de la efectividad de la comunicación y de la argumentación, o a través de la actitud del vendedor.

La propuesta que nos realizan Raquel y Miguel Ángel va un paso más allá. Ambos son grandes conocedores y expertos en el campo de la inteligencia emocional y relacional, y lo demuestran haciendo matrimonio entre ambas disciplinas: la comercial y la emocional, indivisibles a partir del momento en que el lector haya leído este libro.

Este texto es una apuesta decidida por profundizar en el proceso interno y emocional que tiene lugar en cualquier interacción cliente-vendedor. Sabiendo que cliente y vendedor atraviesan por un buen número de sentimientos a lo largo de las distintas interacciones del proceso de venta, el éxito comercial dependerá, en buena medida, del conocimiento, la aceptación y la regulación de dichos estados emocionales.

Los clientes han cambiado (algunos dirán: «¡Y mucho!»). Ya no son los mismos que hace tan sólo unos años. Hoy en día existe un mayor grado de conciencia y un exceso de información y oferta que hacen que cualquier cliente se quiera sentir el centro de la venta, el eje a través del cual gira la actividad comercial. El nivel de exigencia de este nuevo cliente ha aumentado y hoy demanda del comercial, no sólo la prestación de un servicio, sino también calidad relacional, entendimiento, empatía y soluciones válidas a su situación particular. Todo ello cualidades propias de la inteligencia emocional: conocer, comprender y gestionar todo lo que ocurre en uno mismo, y entre uno mismo y los demás.

Si pudiéramos reducir al máximo los factores del proceso de venta, obtendríamos dos variables: información y relación. Es decir: Venta = Información + Relación. Ante la cantidad de «información» existente, y sabedores de que cualquier empresa debe hacer todo lo posible por diferenciarse también a ese nivel, los autores nos invitan a fortalecer el factor «relación» de la fórmula. Cualquier relación es emoción y sentimiento, y debe ser regulada para continuar viva de forma saludable. Todas nuestras relaciones están formadas y sostenidas por una estructura emocional y afectiva sin la cual se desvanecerían. Por este motivo, me parece tan interesante este libro.

El cliente no compra productos o servicios, compra sensaciones y, por eso, la clave del proceso comercial está en cómo se sentirá cuando esté utilizando esos productos o servicios. Por lo tanto, el comercial debe ser un fiel transmisor de las cualidades que queremos trasladar a nuestros clientes: seguridad, confianza, fiabilidad, y muchas otras. Sostengo, por lo tanto, que «el vendedor es el camino a través del cual el cliente compra» y, claro, se entiende que, cuanto más fácil sea de recorrer ese camino, más efectivo será el proceso de venta. Pienso que aquellos que representamos productos o servicios, tenemos que ser auténticas «autopistas» para nuestros clientes. Aunque es evidente que muchas empresas y comercios andan aún siendo caminos demasiado curvos y pedregosos en lo que a atención al cliente y a la generación de sensaciones positivas se refiere. Por este motivo, esta propuesta que Raquel y Miguel Ángel nos realizan es tan seductora, porque nos invita a caminar un territorio poco transitado hacia un horizonte comercial muy prometedor.

Leyendo este libro, a uno no le cabe duda de que el vendedor clásico ha desaparecido (con todos los respetos). Aquellos que se quieran dedicar a la valiosa labor de prestar servicios y ofrecer productos a sus clientes, necesitarán nuevos enfoques que profundicen más en lo humano, en los aspectos relacionales y emocionales, en factores comunes que todos, clientes y vendedores, compartimos.

Quiero dar las gracias a los dos autores por haberme ofrecido prologar este libro. Ha sido un placer leerlo y ahora formar parte de su comienzo. Pero cualquier libro es, en realidad, una propuesta para el lector, y el libro cobra más vida cuando lo leído se utiliza. Eso es lo verdaderamente interesante aquí, lo que el lector obtendrá de la lectura y puesta en práctica de una venta con *feeling*.

Mis mejores deseos

César Piqueras
Conferenciante, autor de *365 Técnicas Comerciales y Venta por Relación*

Índice

Feeling

Inteligencia emocional aplicada a la venta

Introducción

Todos nos acordamos de alguna vez en que compramos algún objeto o servicio y nuestra experiencia de compra fue muy positiva. ¿De dónde provenía dicha satisfacción? Quizás, de la propia ilusión de adquirir algo que no poseíamos o que cubría una necesidad que teníamos. Ésta es la parte más tangible del proceso de compra. Sin embargo, la satisfacción también viene de la propia experiencia vivida en el proceso, de cómo nos sentimos mientras nos atendían. Ésta es una parte invisible pero, en la mayoría de las ocasiones, decisiva a la hora de que el cliente tome (y vuelva a tomar) la decisión de comprar, siempre que otras variables críticas se cumplan (precio adecuado, necesidad subjetiva, consumo habitual de ese producto o servicio, etc.)

¿Qué es lo que nos gusta de un vendedor? ¿Qué es lo que valoramos verdaderamente cuando nos están atendiendo? En la mayoría de las situaciones, nos importará poco si es un agente oficial de la firma que representa o está subcontratado, si lleva muchos años o pocos dedicado al mundo comercial, si se sabe o no de memoria las características técnicas del producto. Lo que sí valoraremos será que nos haga sentir importantes, poder confiar en él, sentir que antepone nuestras necesidades a las suyas, que sea amable, que nos preste atención, que nos comprenda, que nos sintamos escuchados y que demuestre verdadera preocupación por nuestro caso. Sentir, sentir, sentir. Todas estas variables conforman los aspectos intangibles que se ponen en juego cuando dos personas conversan y que marcan la diferencia cuando quieren llegar a un acuerdo. Son el resultado de un proceso relacional en el que cada parte tiene unos intereses y unos objetivos que conseguir.

El cliente actual maneja cada vez más información. Cuando tiene que cubrir una necesidad, una rápida búsqueda por Internet puede informarle del tipo de producto que necesita, puede leer diferentes opiniones de usuarios del producto o servicio que busca, puede comparar precios o incluso leer alguna opinión especializada que le ponga sobre aviso de las variables críticas a las que prestar atención durante el proceso de compra. **En un mundo tan globalizado, en el que la oferta es cada vez mayor y más pareja, la verdadera batalla en la venta no se libra en el terreno de los aspectos técnicos y tangibles. Cada vez son más importantes y decisivos el toque personal, el grado de relación entre vendedor y cliente y lo que se haya generado en esa interacción, puesto que todo ello será lo que, en la mayoría de casos, decantará la balanza hacia un lado u otro.**

El papel de las emociones

Entonces, ¿qué papel desempeñan las emociones en los procesos de venta? ¿Influyen hasta el punto de condicionar su resultado? ¿En qué medida el desarrollo de ciertas habilidades emocionales puede ayudar al vendedor a mejorar sus resultados?

Éstas son algunas de las cuestiones que pretendemos abordar en este libro. Con este nuevo enfoque pretendemos focalizar nuestra atención en todas esas cosas que habitualmente no se ven y son difícilmente medibles, pero que al final resultan vitales para conseguir resultados.

Éste no es un libro sobre técnicas de venta y metodologías para prospectar el mercado, localizar clientes potenciales, generar un primer contacto con ellos, realizar acciones de promoción para conseguir pedidos, cerrar adecuadamente la operación, hacer venta cruzada, etc. Ya hay cientos de libros que explican esos conceptos y cuya lectura recomendamos. Aquí mostraremos un modelo complementario a todo lo estudiado hasta el momento que lleve al vendedor a observar y analizar el propio proceso de venta desde una perspectiva diferente, contemplando aspectos invisibles, cuestionando aspectos no estudiados hasta la fecha, con la finalidad de identificar nuevas posibilidades y oportunidades en su trabajo diario.

Pensamos que los modelos actuales deben ser complementados desde el punto de vista de la inteligencia emocional, puesto que si abordamos el proceso de venta desde un punto de vista excesivamente racional, nos costará entender ciertas situaciones que se producen en una visita comercial, ciertos comportamientos del cliente e incluso nuestros. Como la mayoría de cosas en la vida, la venta debe ser una cuestión de equilibrio. Nivelar las fuerzas entre el cerebro límbico (emocional) y la corteza cerebral (racional) nos puede ayudar a conseguir más información acerca de lo que está pasando y a tomar la decisión correcta sobre nuestro próximo paso.

A la mayoría de seres humanos nos ocurre que, cuando nuestra emoción está alta, nuestra capacidad de razonar está baja, y viceversa. Esto significa que, desde un estado emocional alterado, se incrementan muchísimo las probabilidades de tomar una decisión equivocada. Decidir desde la ira, el terror, el aborrecimiento o la euforia, nos llevará posiblemente a no encontrar la mejor solución. Una mala gestión de estos estados por parte del vendedor al final se traduce en menos pedidos y en peores resultados.

La emoción que estemos sintiendo (como vendedores o compradores) en un determinado momento condiciona nuestra atención y puede influir de manera fundamental en el proceso de venta. Es decir, nuestras emociones condicionan nuestra manera de percibir la realidad.

El estado emocional de los **vendedores** puede hacer que éstos vivan las visitas a sus clientes de manera errónea, ya sea por exceso (salimos de una visita creyendo que hemos causado una gratísima impresión y que nuestro interlocutor se va a convertir en un magnífico cliente) o, por defecto (nos perdemos todas las señales del cliente y salimos pensando que no hay nada que hacer y que no merece la pena invertir más tiempo en esa relación).

Por otro lado, el **cliente** que recibe información desde un estado emocional negativo, puede centrar su atención en encontrar mil y un inconvenientes a la propuesta comercial que le acaban de presentar. Si, por el contrario, su estado emocional es positivo, estará más abierto a la información que le están aportando pues se centrará principalmente en los aspectos favorables de la propuesta.

Hablar de estados emocionales «negativos» o «positivos», no significa clasificar las emociones en buenas o malas. Todas las emociones son, en gran medida, buenas, porque surgen por algo, son generadas para ayudarnos a interpretar lo que está ocurriendo a nuestro alrededor y ayudar a adaptarnos a una situación determinada. Por ejemplo, la tristeza nos hace tomar conciencia de una pérdida (real o posible) y nos vuelve más reflexivos para encontrar alternativas a una situación. La ira nos hace reaccionar frente a una injusticia, dándonos energía extra para defender nuestros derechos o resolver la situación. Lo que ocurre es que, mayoritariamente, se suele hablar de emociones «positivas» o «negativas» en función del bienestar o malestar que nos provocan.

Hay emociones que son más *adaptativas* que otras, es decir, que facilitan más un tipo de acciones y bloquean otras en un determinado momento. Por ejemplo, es difícil escuchar y recibir información nueva desde la ira o el rencor; por lo tanto puede resultar bastante estéril contarle las lindezas de nuestro producto a un cliente que no está receptivo porque arrastra una emoción negativa (no adaptativa) de una situación anterior.

¿Cómo tomamos decisiones cuando compramos?

Determinados científicos, encabezados por el doctor Dan Ariely, profesor de la universidad de Duke y antiguo profesor del MIT[1], piensan que las personas, a la hora de consumir o adquirir productos, somos «previsiblemente irracionales» o, lo que es lo mismo, nos dejamos llevar por instintos o emociones que nos llevan a tomar decisiones que no son lógicas desde el punto de vista racional.

Imaginemos un cliente que llama a su compañía telefónica porque cree que paga demasiado. Mientras expone su caso, una amable teleoperadora le ofrece una oferta que le permite doblar la cantidad de minutos que puede hablar sin coste y la cantidad de tráfico de datos, todo por un ligero incremento en su factura. El cliente hace cuentas y descubre el «ahorro» que va a obtener pues el precio por minuto le sale así mucho más barato. Decide pues aceptar la oferta. Se siente vencedor, siente que al protestar ha obtenido una recompensa, siente que ha negociado bien y se enorgullece de haber realizado esa llamada, después de varios días dándole vueltas al asunto. Todo parece ir bien hasta que llega la siguiente factura y se da cuenta del incremento que está pagando por unos minutos adicionales o por un tráfico de datos que quizás no llegue nunca a consumir.

¿Por qué reaccionamos de una manera tan aparentemente irracional?

Múltiples estudios demuestran que, aunque pensemos que tomamos decisiones conscientemente, en realidad esta-

1 Massachussets Institute of Technology

mos influenciados en gran medida por nuestro inconsciente. Es él quien toma la decisión primero y luego nos hace creer que la hemos tomado a través de un proceso consciente más o menos racional. ¿Por qué en algunas ocasiones, cuando acabamos de conocer a alguien, tenemos la sensación de que nos podemos fiar de esa persona? Y, por el contrario, ¿por qué hay personas que no nos generan confianza y somos incapaces de explicar los motivos para ello pero tenemos la sensación de que algo no funciona bien y de que nos ocultan algo?

La respuesta para saber qué es lo que hace que nos decidamos por un producto y no por otro, en realidad, reside en nuestro inconsciente. **Aproximadamente el 95% de las decisiones que tomamos son dictadas por el inconsciente y las emociones influyen directamente en él, por lo que –nos guste o no– decidimos desde lo emocional y justificamos desde lo racional.**

Según Colin Camerer, George Lowenstein y Drazen Prelec, (de la universidad técnica de California, la Carnegie-Mellon y el MIT respectivamente): «Los seres humanos estamos programados para tomar primero decisiones basadas en las emociones y luego en la reflexión».

También cuando se trata de dinero el ser humano no actúa ni racional ni eficientemente. Nuestras decisiones financieras no se basan en la razón, sino que entran en juego elementos incontrolables como los sentimientos o el instinto. Los instintos son impulsos naturales y formas de reaccionar ante ciertas condiciones, que garantizan nuestra supervivencia como especie. Las emociones serían un punto medio entre los instintos y los pensamientos, ya que obedecen a ambos.

La emoción se produce cuando la información que percibimos del exterior llega a los centros emocionales del cerebro (sistema límbico). En base a esto, se genera una respuesta neurofisiológica que permite al cerebro interpretar la información y preparar al organismo para actuar de la manera más adecuada posible. Todo este proceso se produce mayoritariamente de manera inconsciente, así que podríamos decir que las emociones surgen casi involuntariamente y sólo podemos operar con ellas y gestionarlas una vez han aparecido. En nuestro cuerpo se producen una serie de cambios fisiológicos (aumento del ritmo cardiaco, coloración de las mejillas, sudoración de las manos, etc.) cuando estamos viviendo una determinada emoción, como cuando «nos cambia la cara» cuando alguien nos dice algo que nos enfada enormemente.

Una vez surge la emoción, la información llega a los centros cognitivos, (mayoritariamente albergados en una zona periférica de nuestro cerebro llamada la corteza prefrontal). Allí se procesa de manera más racional. Entonces podemos dejar de hablar de emoción, para comenzar a hablar de sentimiento. Podríamos decir que **la emoción se siente y el sentimiento se piensa**.

Esta distinción es muy importante ya que los seres humanos tenemos tendencia a obedecer a nuestros instintos y emociones sin ser conscientes del todo del hecho de que nuestro comportamiento está constantemente influido por ellos.

Detrás de cada emoción que experimentamos existen una serie de reacciones instintivas. Si aprendemos a identificar nuestras propias emociones y las emociones ajenas y conocemos las posibles reacciones que unas y otras producen, entonces podremos ser capaces de escoger mejor nuestra manera de actuar en cada situación.

Por ejemplo, el miedo es un mecanismo de protección. Detrás de él se encuentra el instinto de supervivencia que nos incita a alejarnos de algo que percibimos que puede ser peligroso. Esta valoración se realiza en décimas de segundo y, al no producirse de manera racional, puede obedecer a una amenaza verdadera o ficticia. De igual modo, un cliente puede mostrarse reticente a cambiar de proveedor pese a recibir una oferta mucho más atractiva de otro por temor a perder algo como el buen servicio que ya está recibiendo, por miedo a equivocarse en la decisión de cambio, por temor a lo desconocido, o por miedo a ser engañado, entre otras consideraciones.

El rencor o el desprecio están ligados también al instinto de protección. Cuando sufrimos algún tipo de perjuicio en el pasado, el rencor puede aparecer como mecanismo para evitar que ese daño se repita en un futuro. Si nuestro proveedor habitual ha fallado reiteradamente en algunas entregas de material, pensaremos que no somos suficientemente importantes para él y consideraremos cambiarlo ante la expectativa de que los incumplimientos se puedan repetir en el futuro.

¿En qué nos puede ayudar la inteligencia emocional?

Aunque el concepto *inteligencia emocional* está presente en nuestro vocabulario desde finales del siglo XX, lo cierto es que sus orígenes se remontan a bastantes años atrás.

Se piensa que uno de sus primeros referentes fue el psicólogo Edward Thorndike, cuando en 1920 utilizó el término *inteligencia social* para describir la habilidad de comprender y motivar a otras personas. Desde entonces, muchos han sido los que, de manera indirecta, han ido contribuyendo a la idea de que la inteligencia no sólo está compuesta de aspectos cognitivos, sino que hay que valorar la posibilidad de que existe otro tipo de inteligencia que complementa la inteligencia (racional) reconocida hasta ese momento.

En 1983, Howard Gardner desarrolló su teoría de las *inteligencias múltiples*, en la que hablaba de una *inteligencia intrapersonal* (capacidad para comprenderse a uno mismo) y otra *interpersonal* (capacidad para comprender a los demás y sus motivaciones) un concepto mucho más cercano al que actualmente se tiene de la *inteligencia emocional.*

Los primeros usos del término *inteligencia emocional* se sitúan en la década de los 90 cuando autores como Salovey y Mayer, Bar-On, Carusso y Zyns, comienzan a utilizarlo en sus investigaciones y se refieren a ella como «un conjunto de capacidades sociales y emocionales que ayudan a los individuos a afrontar las demandas de la vida cotidiana».

La teoría de Peter Salovey y John Mayer puede considerarse como el primer gran esfuerzo por desarrollar una visión científica del concepto de inteligencia emocional. De hecho, estos dos autores fueron de los primeros en mencionar el concepto en un artículo publicado en 1990. Cinco años después, Daniel Goleman difundió este nuevo concepto por todo el mundo con su libro de éxito, *Inteligencia Emocional* (Kairós, 1995).

Existen múltiples definiciones del concepto, casi tantas como autores han escrito sobre el tema, aunque los dos modelos en los que se asientan la mayoría de los estudios actuales sobre inteligencia emocional son el *Modelo de Competencia* de Daniel Goleman y el *Modelo de Habilidad* de Salovey y Mayer.

Según Daniel Goleman, una *competencia emocional* es «una capacidad aprendida basada en la inteligencia emocional que tiene como resultado un rendimiento sobresaliente en el trabajo». Su modelo define, claramente, cuatro aptitudes emocionales:

1. *Autoconciencia emocional* (autoconocimiento): Capacidad para reconocer los propios sentimientos y entender cómo afectan a nuestro propio comportamiento.
2. *Autocontrol emocional* (autorregulación): Ausencia de angustia y de sentimientos negativos, obtenida

gracias a la capacidad de regular los propios estados emocionales.
3. *Empatía:* Capacidad para ser consciente de las emociones, preocupaciones y necesidades de los demás.
4. *Gestión de las relaciones:* Capacidad de establecer buenas relaciones con los demás, en gran medida gracias a la habilidad de saber interactuar adecuadamente con sus emociones.

Desde el *Modelo de Habilidad* que proponen Salovey y Mayer, la inteligencia emocional puede definirse como «la capacidad para observar los propios sentimientos y emociones y los de los demás, para discriminar entre ellos, y utilizar esa información para guiar el pensamiento y las acciones». Este modelo identifica la inteligencia emocional con cuatro niveles de aptitudes que van desde los procesos psicológicos básicos a otros más complejos que integran emoción y cognición:

1. *Identificar:* Capacidad para identificar las propias emociones y las de otros, expresarlas y discriminar la expresión de emociones en otras personas.
2. *Utilizar:* Emplear las emociones como ayuda para el discernimiento y reconocimiento de que las alteraciones del humor conducen a la consideración de puntos de vista alternativos.
3. *Comprender:* Capacidad para identificar y distinguir entre distintas emociones, comprender las complejas mezclas de sentimientos y formular reglas acerca de estos.
4. *Manejar:* Capacidad para controlar las emociones y utilizarlas con algún fin social. Esto permite al individuo sumergirse o separarse de las emociones, observarlas y controlarlas, tanto en sí mismo como en los demás.

Figura 1. Los dos modelos de inteligencia emocional

Modelo de Competencia Daniel Goleman	Modelo de Habilidad Salovey y Mayer
- Autoconciencia - Autogestión - Conciencia Social - Gestión de las relaciones	- Identificar las emociones - Utilizar las emociones - Comprender las emociones - Manejar las emociones

Para integrar y simplificar todos estos conceptos, utilizaremos la distinción que utilizaba Howard Gardner (1983) en su teoría de las *inteligencias múltiples*, fusionándolas con las competencias que describe en su modelo Daniel Goleman. En resumen, el modelo que proponemos en este libro quedaría así:

Figura 2. Un modelo integrado de inteligencia emocional

Área Interpersonal	Área Interpersonal
- Autoconciencia - Autorregulación	- Empatía - Gestión de las relaciones

Para nosotros, la inteligencia emocional es un conjunto de destrezas, actitudes, habilidades y competencias que determinan la conducta de un individuo, sus reacciones y estados mentales y que puede definirse, como el propio Goleman, como «la capacidad de reconocer nuestros propios sentimientos y los de los demás y de aprender a gestionarlos debidamente para que nos ayuden a interactuar adecuadamente con las personas que nos rodean». Desde nuestro punto de vista, **no debería haber un enfrentamiento entre las aptitudes emocionales y las cognitivas, porque no son excluyentes. De hecho, las personas suelen obtener mejores resultados cuando combinan ambas y se produce un justo equilibrio entre razón y emoción.**

Inteligencia emocional y el proceso de venta

Desde nuestro punto de vista, la venta es un proceso eminentemente emocional que afecta a todos los agentes que participan en el mismo: al vendedor, al posible comprador y al escenario que se crea entre ambos que, a su vez, también influye sobre los estados emocionales de las personas que participan en el mismo. Habitualmente, los participantes del proceso de venta creerán que toman decisiones en base a la información que perciben. Pero, como explicamos en este libro, hay un montón de fenómenos no accesibles a nivel consciente que nos empujan, sin darnos cuenta, a tomar determinadas decisiones en lugar de otras.

Figura 3. Emociones que pueden aparecer en el proceso de venta.

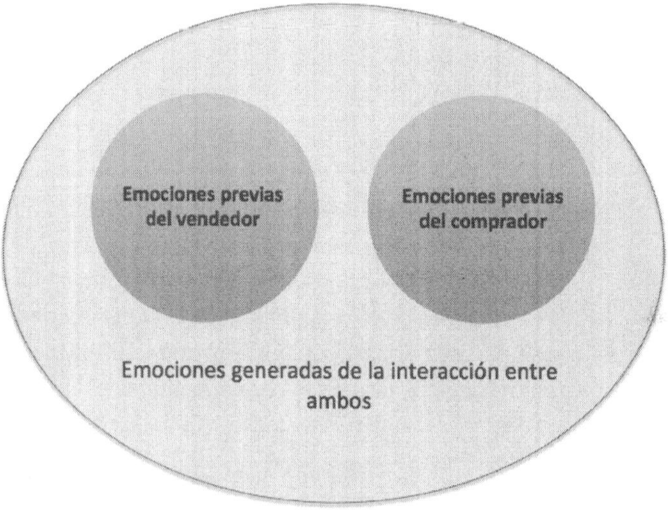

Las emociones que pueden afectar al vendedor comienzan antes de la visita, condicionando de manera directa su actitud y comportamiento durante todo el proceso de venta. Algunos ejemplos de estas emociones pueden ser:

- El manejo de la ansiedad y el estrés derivados de malos resultados acumulados o de un posible ultimátum de su responsable.
- El pesimismo y la falta de energía con la que el vendedor entra a la quinta visita del día después de haber sufrido múltiples rechazos y soportado las malas formas de varios clientes en visitas anteriores.
- La actitud negativa y la desesperanza con la que el vendedor se reúne con un cliente al que ha visitado

varias veces y nunca ha comprado nada.

- El miedo con el que el vendedor realiza una visita, sabiendo que el cliente está muy molesto por una incidencia que se produjo en un pedido anterior.
- La confianza y tranquilidad con la que el vendedor afronta un proceso de venta con un cliente habitual que le valora y con el cual mantiene una relación de años.
- La tolerancia a la frustración o la capacidad de ser resiliente que demuestra el vendedor después de una semana de malos resultados.
- La preocupación generada por alguna incidencia o problema de alguno de sus clientes que el vendedor no puede apartar de su cabeza y que le impide centrarse por completo en la conversación actual.

Por otro lado, **el cliente también se ve afectado por una serie de estados emocionales previos** cuando participa en un proceso de compra y que, sin duda, condicionan el resultado del mismo. Algunos ejemplos podrían ser:

- La predisposición a la compra y la confianza que puede sentir debido a una recomendación que le ha realizado una persona de mucha confianza para él.
- Las posibles dudas e inseguridades que pueda experimentar frente a la necesidad que tiene que cubrir o a la manera en la que debe cubrirla.
- El enfado que puede sentir por haber sido defraudado en un pedido anterior.
- Los prejuicios que pueda tener acerca de la marca que se le presenta o del producto-servicio que se le intenta vender.
- La ansiedad o el nerviosismo que pueda sentir por alguna experiencia negativa previa que le haya ocu-

rrido: una discusión con algún colega, una mala noticia, una disputa personal con su pareja o no recordar (o no desear) la visita y disponer de poco tiempo para atender al vendedor.

Al mismo tiempo, **la interacción entre ambos agentes genera nuevas emociones** que pueden alterar la situación y condicionar los resultados:

- El miedo del vendedor a plantear una oferta ambiciosa o la incapacidad para realizar el cierre de la operación debido a la agresividad o firmeza mostrada por el cliente.
- El estado de confusión provocado al no haber sido el vendedor capaz de interpretar adecuadamente las señales de compra del cliente y no haber avanzado hacia el cierre de la operación.
- Las buenas sensaciones que se generan en el cliente al sentirse escuchado y comprendido a la hora de exponer sus necesidades.
- La alegría que genera un cliente al que se le «coloca» un producto (que interesa vender por las elevadas comisiones que reporta).
- Generar una sensación de confianza en el cliente al trasladarle eficazmente verdadera preocupación por su problema e interés por cubrir sus necesidades de la mejor manera para él.
- La seguridad que se genera cuando el vendedor se preocupa por un problema que no le corresponde directamente, pero que se toma la molestia de resolver.
- La alegría provocada por ver nuestras necesidades cubiertas, teniendo la sensación de que ambos hemos hecho un buen negocio y hemos salido benefi-

ciados con el acuerdo.

- El malestar generado cuando el vendedor no cuida ciertos aspectos fundamentales como su higiene personal, su lenguaje o sus modales.
- La inflexibilidad mostrada por el vendedor ante el problema de un cliente (que podría haberse resuelto) por el resentimiento derivado de alguna situación pasada.
- La ansiedad y la presión que ciegan a cerrar un pedido ofreciendo un descuento que se come todo el margen comercial y, al mismo tiempo, que sienta un peligroso precedente.

Éstos son los algunos ejemplos de cómo los estados emocionales pueden provocar que se tomen malas decisiones en un proceso de compra-venta, afectando sin duda a la relación entre comprador y vendedor, lo que provocará no sólo problemas en los procesos actuales, sino en la relación comercial a futuro. Como se ve, además de los aspectos técnicos, muy importantes en las relaciones comerciales, no prestar atención a los aspectos emocionales es un lujo que muy pocos vendedores se pueden permitir.

Además, la inteligencia emocional no sólo afecta al vendedor en un proceso de la venta, sino que sus implicaciones pueden ir mucho más allá e influirle en todo lo que rodea a sus relaciones profesionales y personales. Un estado emocional negativo mantenido en el tiempo puede ser el responsable de:

- La pérdida de motivación y el bajo rendimiento (ya no encontramos sentido a las cosas que hacemos).
- La pérdida o el descenso del nivel de nuestras habilidades (cuando nos cuesta mucho más hacer lo que sabemos hacer bien).

- La pérdida de la salud (problemas estomacales, cardíacos, etc.) fruto de la tensión y la presión continuadas.
- La pérdida de relaciones (que puede afectar a la familia, a los compañeros y a los clientes).

Feeling, un modelo de venta desde el corazón

Para facilitar el análisis del impacto de las emociones en los procesos de venta y, sobre todo, para desarrollar un plan de entrenamiento pautado de las habilidades emocionales en los profesionales, necesitamos mostrar la interacción entre los diferentes aspectos que deben ser tenidos en cuenta por el vendedor.

Algunos son aspectos previos a la venta que deben ser analizados y controlados por el vendedor, y otros vendrán derivados del análisis que hagamos del estado emocional de nuestro cliente, que condicionarán nuestra interacción con él. Nuestra intención será siempre generar estados emocionales que predispongan a la compra y eliminen todos los miedos y dudas que los clientes puedan sentir frente a la decisión de adquirir un determinado producto-servicio.

Las preguntas son una herramienta que nos ayuda a poner el foco de atención en lo que queremos analizar, a focalizar nuestra mente sobre algo, a extraer información de nuestro inconsciente y elevarla a la parte consciente (donde puede ser reflexionada, analizada e influir controladamente sobre nuestra conducta). Por eso pensamos que la llave de entrada a cada fase debe ser a través de una pregunta que nos permitirá conseguir toda la información necesaria sobre el aspecto que estamos evaluando.

Formular determinadas preguntas durante el proceso de venta estimulará nuevas maneras de pen-

sar y nuevos caminos a explorar que nos conducirán hacia nuestros objetivos, mientras cubrimos las necesidades de nuestros clientes.

La calidad de nuestras preguntas determinará la calidad de nuestro pensamiento; por eso, sin las preguntas esenciales, no lograremos enfocar nuestra mente en lo significativo y sustancial, sino que divagaremos por cuestiones superfluas o nos dejaremos llevar por nuestros instintos, que nos arrastrarán quizás a algún camino equivocado.

Feeling, un modelo de venta desde el corazón es un modelo integrado de inteligencia emocional. El modelo consta de dos áreas:

- Área Intrapersonal
- Área Interpersonal

Las cuatro primeras etapas de nuestro modelo (área intrapersonal) pretenden analizar el estado emocional previo del vendedor. Es decir, generar información sobre todos los eventos emocionales que ocurren antes del proceso de venta para ser conscientes de ellos, y poder anticiparnos a su posible impacto. Esta etapa prepara al vendedor para acometer el proceso de venta con las mejores garantías posibles, capacitándolo, si fuera necesario, para autogenerarse el estado emocional adecuado para incrementar sus probabilidades de éxito.

Figura 4. Las cuatro etapas de la gestión emocional intrapersonal del vendedor

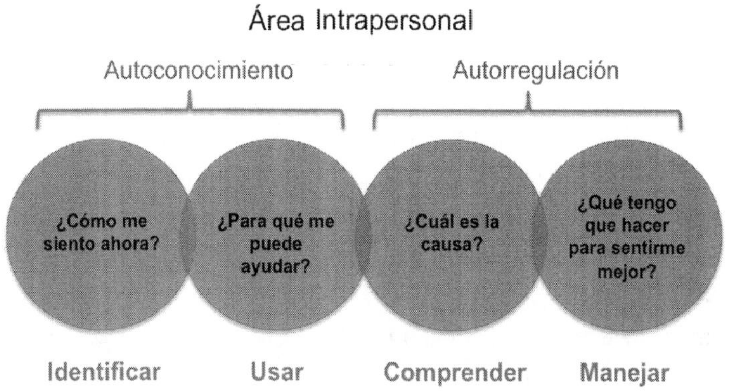

En la primera etapa del área intrapersonal **(identificar)** el vendedor tomará consciencia de su propio estado emocional. Para ello debe disponer de un vocabulario emocional adecuado, conocer las diferentes emociones básicas, reconocer sus señales más características y sus patrones de expresión fisiológicos.

A renglón seguido, la siguiente fase **(usar)** supone identificar claramente los posibles beneficios o perjuicios que nos puede acarrear la emoción que estamos sintiendo. Para ello pasaremos el estado emocional por el filtro cognitivo y analizaremos, de forma consciente, las posibles utilidades que puede tener dicho estado. Eso nos ayudará a decidir si nos conviene permanecer en ese estado emocional o si, por el contrario, debemos modificarlo por otro más adaptativo.

La tercera etapa **(comprender)** se centra en descubrir y comprender las causas de cada emoción. Conocer el origen de nuestro estado emocional nos permitirá entender las posibles consecuencias de nuestros actos y calibrar mejor cómo queremos reaccionar.

En la última etapa **(manejar)**, el vendedor será capaz de extraer de su estado emocional todo lo que le puede ayudar a conseguir su objetivo, mientras se mantiene abierto a la generación de nuevos estados emocionales más saludables y adaptativos. Como ves, mediante la reflexión, somos capaces de regular las posibles consecuencias y reacciones de nuestro estado emocional original, tomar distancia de él y actuar de manera adecuada, mitigando las emociones que no añadan valor a la situación.

Una vez trabajada el área intrapersonal, en la que el vendedor ha analizado su propio estado interno y lo ha orientado hacia un estado de excelencia que le encaminará hacia sus objetivos, pasamos a poner el foco sobre la interacción entre vendedor y cliente. En el área **interpersonal**, el objetivo del vendedor se centrará en descifrar el estado emocional de su cliente para poder interactuar adecuadamente con él y propiciar un estado idóneo para que éste exprese adecuadamente sus necesidades, muestre predisposición a la información que se le transmita y pueda valorar, de buen grado, la propuesta comercial.

Figura 5. Las cuatro etapas de la gestión emocional interpersonal (entre vendedor y cliente)

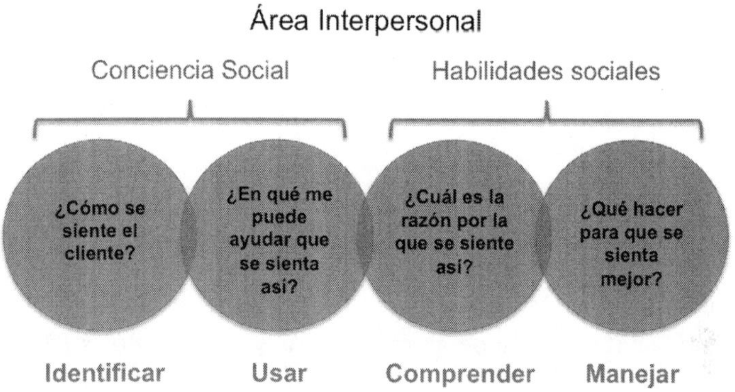

La primera fase del área interpersonal **(identificar)** se centra en la identificación precisa de las señales que el cliente envía sobre su estado emocional. Esta fase puede resultar crítica a lo largo de todo el proceso comercial puesto que, con la información que obtengamos en ella, podremos modificar nuestra estrategia. Por ejemplo, el cliente estará más receptivo hacia un tipo de mensajes determinado y no tanto hacia otros. Desarrollar la habilidad de reconocer adecuadamente las emociones en los demás supone para el vendedor una enorme ventaja competitiva, puesto que podrá identificar cuáles pueden ser los posibles frenos o bloqueos de su cliente y actuar acorde con lo que éste está sintiendo.

La siguiente etapa **(usar)** se centrará en analizar si el estado en el que se encuentra el cliente es el idóneo para poder presentar adecuadamente el producto. Como la venta supone, en gran medida, ofrecer un servicio adecuado, es imprescindible desarrollar un grado de empatía apropiado en el que seamos conscientes de las necesidades o deseos intangibles del cliente, para así decidir cuál es la mejor manera de cubrirlos. Llegar a conectar supone encontrarse en un determinado nivel de sintonía. Cuando se percibe y se siente esa conexión, las palabras fluyen y son recibidas de manera distinta pues cobran un sentido totalmente diferente. Buscaremos conectar con el cliente en el mismo plano emocional en el que él se encuentra para poder interactuar de una manera más profunda.

En la tercera fase del área interpersonal **(comprender)**, el objetivo fundamental consiste en dar un sentido a toda la información que nos envía el cliente. Ahora el vendedor debe tratar de comprender en profundidad el estado emocional de su cliente para poder sacarlo de dicho estado si fuera necesario o legitimarlo en caso contrario. Entender las emociones de otra persona nos permite prever sus posibles reacciones emocionales, aceptar ciertos comentarios o comportamientos y, desde esa aceptación, reconocer, compartir, resolver o minimizar su emotividad. En esta fase, el vendedor conseguirá anticipar cómo irán evolucionando las emociones de su cliente y podrá realizar los movimientos adecuados.

Para finalizar, en la última fase **(manejar)**, el vendedor debe encontrar respuesta a la pregunta: ¿qué puedo hacer para que mi cliente se sienta mejor? Si ha sido capaz de detectar adecuadamente las necesidades o deseos de su cliente, será capaz de determinar cuáles son las acciones adecuadas para conseguirlo y para que el cliente se muestre más receptivo hacia la compra. Las conductas del vendedor tendrán un mayor impacto si van alineadas con lo que la situación requiere. Como no es imposible que se puedan sentir dos emociones contradictorias al mismo tiempo, el vendedor podrá mover al cliente desde estados emocionales negativos a emociones positivas que le hagan sentir bien, algo que, además, creará un fuerte vínculo entre ellos.

Todo este proceso va encaminado a establecer una adecuada y sólida relación con nuestros clientes que se sentirán atendidos, escuchados y comprendidos. A todos nos gusta estar rodeados de personas que nos hacen sentir bien. Nos sentimos atraídos hacia ellos, valorando mucho y alegrándonos de su visita cuando los vemos aparecer por la puerta de nuestro despacho o de nuestra fábrica.

Cuando conocemos todas estas etapas comprendemos mejor por qué el proceso de venta debería estar mucho más centrado en las relaciones personales que en los intereses subyacentes que la propia actividad comercial genera. **Cuando tenemos un verdadero interés por las personas, por escuchar sus necesidades, por ayudarles a resolver sus problemas, por entenderlas, el proceso de venta se simplifica, y se puede crear un vínculo fuerte y duradero entre ambos agentes.** Los resultados siempre llegan a posteriori, pero es muy complicado intentar recoger la cosecha cuando no se ha prestado atención y cariño a la siembra.

Como explicábamos, los dos modelos fundamentales de la inteligencia emocional se superponen para explicar el concepto aplicado a un proceso de venta con la finalidad de generar más información e incrementar así nuestras posibilidades de éxito.

Figura 6. Las ocho etapas de la gestión de la inteligencia emocional en un proceso de venta

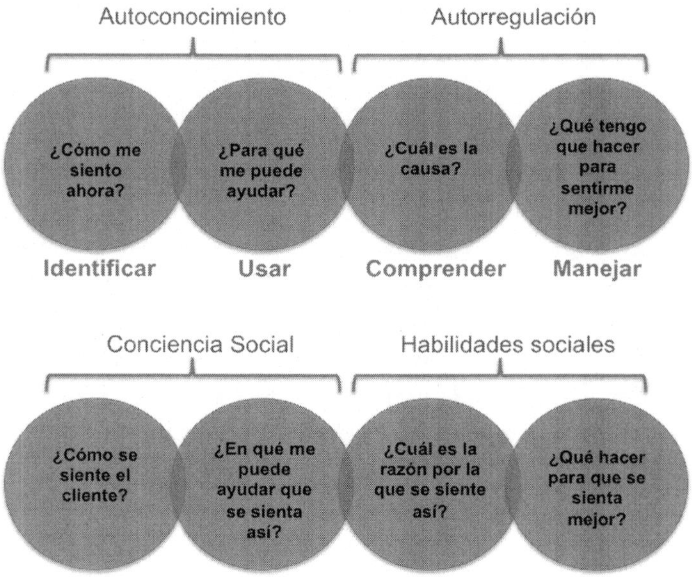

Puesto que nuestro cerebro recuerda y aprende más de los aspectos emocionales que de los racionales, quizás los clientes no recuerden la composición técnica de nuestro producto una semana después de nuestra visita, pero seguro que recordarán perfectamente cómo les hicimos sentir y la impresión que les causamos. Por lo tanto, dediquemos un poco de tiempo a identificar las variables que pueden suponer un salto de calidad en nuestro proceso de venta y en nuestros resultados.

Capítulo 1. Mira en tu interior

¿Hasta qué punto somos conscientes de cómo nos sentimos cuando vamos a realizar una visita a uno de nuestros clientes? ¿Es eso importante para nuestro objetivo? ¿Afrontamos una cita de la misma manera cuando sentimos desesperanza por los malos resultados acumulados durante meses, que cuando estamos en una semana en la que todo nos sale bien?

Seguro que has vivido estos dos casos alguna vez a lo largo de tu trayectoria profesional y sabes a lo que nos referimos. Las situaciones pueden ser vividas de una manera totalmente diferente desde un estado emocional u otro, propiciando que los resultados también sean totalmente distintos. Bueno, tiene cierta lógica: si el punto de partida no es el mismo, obviamente el resultado tampoco tendrá por qué serlo.

Es como si, en nuestra visita comercial, nos guiáramos por una brújula emocional. Si nos orientamos mal desde el principio, unos cuantos kilómetros (o minutos de interacción con nuestro cliente) nos alejarán tanto de nuestra meta que la situación será difícilmente reconducible. Si no identificamos bien nuestro estado emocional desde el principio, las emociones contaminarán cientos de pequeñas microdecisiones imperceptibles, guiándonos por un camino equivocado que condicionará, de manera invisible pero indefectible, el resultado del esfuerzo comercial.

Imagina que te encuentras en una reunión con tus compañeros del equipo comercial. El responsable lleva cuarenta minutos presentando decenas de diapositivas donde figuran los resultados del año pasado, las desviaciones y los objetivos del año que viene. Hace un rato que has dejado de escucharle; mantienes la mirada fija en la presentación, pero tienes la mente en otro sitio. Cuando te das cuenta, decides volver a engancharte a su discurso, pero a los pocos segundos, te vuelves a perder. ¿Te hubiera ayudado a concentrarte identificar tu estado emocional en la reunión? Créeme si te digo que la interpretación de la situación no es la misma cuando identificas si te has desconectado por aburrimiento, porque estás enfadado con la empresa, porque te sientes frustrado al ser el vendedor que menos facturación realizó el año pasado o porque estás agotado después de una dura semana de trabajo.

¿No crees que destinar un poco de tiempo a descubrir qué sientes y cómo te encuentras, te puede ayudar a interpretar mejor una situación y a guiarte hacia ciertas acciones concretas? Salir a por un café, cambiar de asiento durante la reunión, buscar en qué aspectos estás de acuerdo, identificar qué criterios serán importantes el año siguiente, proponer realizar ese tipo de reuniones a otra hora, son alternativas diferentes derivadas de la distinta interpretación de lo que te pasa.

¿Qué haces para ser consciente de tu estado anímico? Es complejo, ¿verdad? Habitualmente, hasta que no llega un momento en el que ya no puedes más y te paras y aíslas de todo lo que hay a tu alrededor, no tomas contacto con esos sentimientos. Y, aún así, ¿eres entonces capaz de describir adecuadamente cómo te encuentras? ¿Cómo sabes que verdaderamente te sientes así y no es ésa una reacción emocional que pretende ocultar otra más primaria? Esto se va tornando cada vez más difícil...

Éste es el principal objetivo de este capítulo y de la primera etapa del área intrapersonal, que el vendedor tome conciencia de su estado emocional del momento y sea capaz de responder a la pregunta: «¿cómo me siento ahora?»

Buscamos desarrollar la habilidad de percibir conscientemente las emociones que sentimos, ser capaces de reconocer e identificar qué es lo que estamos percibiendo y conseguir poner una etiqueta o un nombre que describa adecuadamente cada emoción. Un proceso por el cual reconocemos las emociones que sentimos y somos capaces de distinguir el valor y el contenido emocional de un evento o situación social en nosotros mismos.

Descubrir qué estamos sintiendo y cómo nos encontramos, nos ayudará a interpretar mejor las situaciones y nos guiará para escoger las acciones adecuadas. (Morgan 1969)

Para llevar a cabo este proceso necesitamos:

- Identificar claramente qué es una emoción y qué no lo es
- Saber para qué debemos realizar esta identificación emocional
- Conocer las fases que tenemos que seguir en este proceso
- Determinar en qué momento es conveniente hacer esta identificación
- Conocer las habilidades que necesitamos potenciar
- Aprender a expresar las emociones
- Saber de qué herramientas disponemos para realizar una detección emocional adecuada
- Conocer las principales emociones.

¿A qué nos referimos cuando hablamos de emoción?

Las emociones son reacciones psicofisiológicas complejas porque en ellas se mezclan acciones tanto de nuestra mente como de nuestro cuerpo. Estas respuestas pueden dividirse en tres tipos: un impulso al movimiento (acercarse o alejarse de algo), una serie de cambios fisiológicos y un determinado estado mental provocado por nuestra reflexión acerca de la situación.

Cuando hablamos de emoción, primero nos referimos a esa *fuerza motivadora* que nos acerca a las cosas por las que luchamos o nos aleja de aquellas que pretendemos evitar. Esa fuerza genera un estado de alerta comportamental que puede ir desde un estado de enorme calma y tranquilidad (cuando descansamos), a otro de intensa acción y actividad (cuando estamos resolviendo un problema grave o tenemos mucho trabajo que sacar adelante).

Sin embargo, también es un *estado fisiológico* (que provoca una serie de cambios en nuestro organismo) que puede ser experimentado de diferentes formas: como experiencia (puesto que hace referencia a algo que sentimos) o como una expresión (algo que mostramos a los demás a través de nuestra postura, rostro, etc.) (Morgan, 1969).

Utilizamos las emociones habitualmente en nuestra vida diaria, sin ser prácticamente conscientes de ello. Hay ciertas reacciones que llevamos grabadas en nuestro material genético y otras que hemos ido adquiriendo por observación de las personas que nos rodean. Pero, ¿para qué las solemos utilizar?

- La principal utilidad que tienen para nosotros es que nos ayudan a percibir nuestro entorno, facilitándonos información que necesitamos para tomar decisiones y emprender las acciones que consideremos oportunas. Pero debemos recordar que las personas no tomamos información objetivamente, sino que nuestro estado emocional pone el foco de atención en características concretas de la situación; algo que nos hará vivir un evento cualquiera de una determinada manera.

- Las emociones nos facilitan poder expresar cómo nos

sentimos por dentro, ya sea con lo que decimos, con nuestros gestos o con nuestro comportamiento. Son el canal de comunicación que utilizamos para trasladar hacia el exterior cómo se encuentra nuestro estado interior.

- Posibilitan e incrementan la interacción con otras personas y, gracias a su tremendo poder de contagio, también la unión entre ellas. (Sólo hay que ver cómo reaccionan las personas cuando alguien comienza a reírse a carcajada limpia y la facilidad con la que el resto de personas de su entorno comenzará a reír). Esto ocurre siempre que el estímulo perdure lo suficiente y sea de una intensidad considerable. (Algo parecido ocurre con emociones menos positivas: por ejemplo, cuando una persona no para de quejarse por todo y se muestra enfadada, contagia a las personas de su alrededor, contribuyendo a deteriorar el clima de trabajo o de convivencia).

- También las utilizamos para influir sobre el comportamiento de las personas que nos rodean. En muchas ocasiones, no hay nada más efectivo que una intensa mirada a los ojos de otra persona o un endurecimiento de los gestos de nuestro rostro para conseguir que alguien de nuestro alrededor haga algo que le acabamos de solicitar o para ganar credibilidad con nuestros argumentos, mostrando al otro que hablamos en serio.

Clasificaciones de emociones hay muchas, pero fue Leslie Greenberg (1996, 2000) quien realizó una de las más reconocidas y utilizadas. Greenberg distinguió entre *emociones primarias* (las primeras que experimentamos ante un estímulo porque responden directamente a él; a su vez pueden ser adaptativas o desadaptativas), *emociones secundarias* y *emociones instrumentales.*

- **Emoción primaria adaptativa:** Es una emoción básica que surge y desaparece con mucha rapidez como respuesta fundamental y visceral a algún estímulo del entorno. Al ser adaptativa, suele ser muy valiosa y saludable para la persona. Por ejemplo: cuando llevamos varios días fuera de casa, sentimos cierta tristeza porque echamos de menos a nuestra familia. O cuando estallamos de alegría porque acabamos de cerrar una venta muy importante.

- **Emoción primaria desadaptativa:** Sigue siendo básica y visceral pero, en este caso, no aporta nada positivo ni saludable a la persona. En algunos casos puede llegar a perdurar mucho en el tiempo (aunque se haya extinguido la causa que la produjo). Son ejemplos de este tipo, la ira y el resentimiento que nos genera una mala contestación de un compañero o de nuestro jefe. Puede durar un instante o provocar que el resto de interacciones con esa persona se vean condicionadas por esa carga emocional negativa.

- **Emoción secundaria:** Es una emoción defensiva provocada por otra emoción. En muchas ocasiones, de manera inconsciente, queremos ocultar la emoción que estamos sintiendo de verdad (porque puede ser para nosotros ciertamente problemática) y generamos otra emoción alternativa para sustituirla. Por ejemplo, si hemos sido educados bajo el paradigma de «los hombres no lloran» o «es una debilidad mostrar ciertas emociones en público», ante la pérdida de un pedido importante o de una buena oportunidad profesional, en vez de sentir tristeza (emoción primaria) y asumirla, quizás sustituyamos la emoción primaria correspondiente por cierto enfado o rencor hacia el cliente, la política de descuentos de nuestra compañía o hacia cualquier otra variable o persona implicadas en el proceso.

- **Emoción instrumental:** Es una emoción expresada consciente y automáticamente que pretende influir o manipular a otras personas para conseguir algo que deseamos. No solemos ser conscientes de que las hemos aprendido y tampoco suelen ser muy saludables. Una emoción de este tipo surgiría cuando visitamos a un cliente y mostramos cierta tristeza, con la finalidad de dar cierta lástima y sensibilizarlo para que nos haga un pedido. También se denomina, popularmente, «chantaje emocional».

Resulta muy importante diferenciar la *emoción* de otros términos que pueden llevarnos a cierta confusión, como los *sentimientos* o los *estados de ánimo*. Ya hemos visto que la emoción es una respuesta química y neuronal de nuestro cerebro a un estímulo, real o imaginado. Cuando permitimos que esa información llegue a la zona prefrontal en forma de impulsos eléctricos, es cuando podemos comenzar a analizarla de manera racional. En ese momento se genera el *sentimiento*. De hecho, podríamos decir que el sentimiento es el componente subjetivo de la emoción, la evaluación consciente que hacemos de la percepción de nuestro estado corporal durante la respuesta emocional, es decir, cómo cada uno de nosotros vive una determinada emoción y qué significado le da en ese contexto (A. Damasio, 2006).

En múltiples ocasiones, también solemos hablar de *estado de ánimo*. Éste se diferencia claramente de los dos anteriores sobre todo por su duración, ya que el estado de ánimo puede durar meses o años (las emociones duran como mucho horas). Es mucho menos concreto y no está tan fundamentado en hechos vividos o en acontecimientos concretos. Puede provenir de emociones muy intensas que se han quedado enquistadas y amplificadas en el tiempo, predisponiéndonos a vivir, mientras perdura, emociones positivas o negativas. Cuando tenemos un estado de ánimo negativo, tenemos tendencia a interpretar de manera negativa los hechos que nos rodean, disfrutamos menos de las cosas que nos ocurren, no prestamos atención a nuestra propia valía objetiva y todo lo solemos ver de color gris.

¿Para qué necesitamos identificar nuestras emociones?

Nuestro estado emocional puede llevarnos a realizar acciones irreflexivas que no favorecen nuestros objetivos. Una gran parte de la información que está almacenada en nuestra cabeza no nos es accesible en todo momento (nuestras creencias y valores, por ejemplo). Por eso es muy normal que, ante alguna decisión arriesgada, (por ejemplo, ¿le tramitamos el pedido a este cliente o nos generará un impagado?) no podamos responder adecuadamente sólo desde un punto de vista lógico y racional (ya que nos falta información), sino que necesitemos complementar la información disponible con nuestra parte más intuitiva o visceral, (quizás nuestro cerebro haya captado ciertas cosas que le predisponen a pensar que la operación saldrá bien o mal y no ha dejado fluir esa información a la parte más consciente).

Físicamente, las regiones cerebrales implicadas en las sensaciones viscerales son mucho más antiguas que las delgadas capas del neocórtex, donde se alberga el centro del pensamiento racional, localizado en la parte superior del cerebro. Los *presentimientos* se asientan en una región mucho más profunda, los *centros emocionales*, que rodean al tallo cerebral, en una zona llamada *amígdala*. Desde ahí, la red de conexiones neuronales llega hasta la parte ejecutiva del cerebro situada en los lóbulos prefrontales y manda toda la información que capta del entorno.

El cerebro almacena diferentes aspectos de una experiencia en distintas regiones: las imágenes las codifica en una zona, los sonidos en otra, etc, siendo la amígdala el lugar donde se almacenan las emociones que nos suscita la experiencia. Allí queda codificada y registrada cualquier situación que haya provocado en nosotros alguna reacción emocional. Por eso, en muchas ocasiones, cuando volvemos a un lugar determinado o vemos de nuevo a una determinada persona, evocamos una serie de emociones.

Cada vez que tenemos que tomar una decisión, nuestra amígdala nos lanza una serie de mensajes, al mismo tiempo que los circuitos nerviosos vinculados a ella nos proporcionan una respuesta somática, una sensación visceral, acerca de la decisión que debemos tomar. Si no aprendemos a buscar y a leer estos mensajes, difícilmente nuestras decisiones podrán ser acertadas, puesto que nos faltará una parte importante de la información necesaria para escoger la mejor opción.

Según ciertas investigaciones realizadas en Harvard, las personas podemos experimentar intuitivamente, en los primeros treinta segundos de un encuentro con otra persona, la impresión básica que tendremos de ella al cabo de medio año, por lo que no podemos obviar esa información a la hora de interactuar con los demás.

¿Cómo identificar adecuadamente nuestras emociones?

La intuición y las sensaciones viscerales son las piezas fundamentales que nos ayudan a recoger los mensajes procedentes de nuestro almacén interno de recuerdos emocionales. Desarrollando determinadas habilidades como la atención, conseguiremos incrementar nuestra capacidad de identificar emociones y poder expresarlas adecuadamente. Una vez detectadas las primeras señales debemos darles sentido, puesto que de nada servirá identificar determinadas sensaciones si no sabemos a qué emoción corresponden o qué pueden significar. Al final, necesitaremos asociarles una palabra o un término que resuma todo lo que estamos percibiendo en nosotros. Así que, básicamente, el proceso de identificación de nuestras propias emociones podría resumirse en el siguiente gráfico:

Figura 7. Proceso de identificación de nuestras emociones

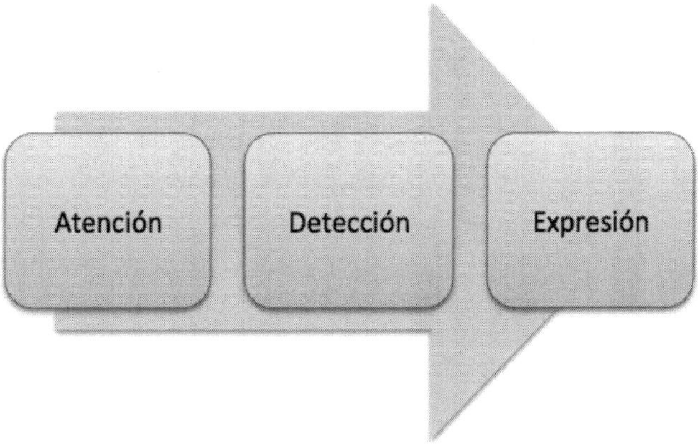

Para superar con éxito cada una de estas tres fases, tendremos que echar mano de unas cuantas habilidades y conocimientos. En la primera fase (atención) utilizaremos técnicas como el *mindfullness*[1] para desarrollar la atención plena que nos permita ser capaces de apartar de nuestra cabeza todo el ruido que se genera en cualquier situación y poder identificar claramente lo que estamos percibiendo. Posteriormente, deberemos detectar adecuadamente a qué corresponde lo que estamos sintiendo. Para ello tendremos que disponer de un conocimiento importante sobre las principales emociones posibles, qué significan y cómo se expresan. Para finalizar, tendremos que generar un completo vocabulario emocional, para poder etiquetar con el término adecuado nuestro estado emocional. Si no encontramos la palabra adecuada para expresar lo que sentimos, no podremos compartirlo y, por lo tanto, es como si no existiera.

Fase 1. Atención

La atención es la base de todas las habilidades cognitivas y emocionales superiores, por lo que, desarrollándola, generaremos una mente con claridad y tranquilidad suficientes para gestionar adecuadamente nuestra inteligencia emocional.

El objetivo fundamental del *mindfulness* o entrenamiento de la atención plena es aprender a observar cómo está nuestra mente en un momento determinado. Cuando comenzamos a observar el contenido de nuestra mente, es muy importante que aceptemos lo que esté ocurriendo en ella, sin ningún tipo de juicio. No negaremos el contenido de nuestros pensamientos, ni intentaremos cambiarlos pensando en otra cosa; simplemente observaremos y tomaremos conciencia de lo que estamos pensando en ese momento. Se trata de comportarnos como observadores, no como jueces.

---

1 En este sentido recomendamos el libro *Mindfulness, meditación para gente de alto rendimiento*, Ed. Kolima, 2014.

Al trabajar desde la atención plena, alcanzaremos una percepción más profunda y rápida de la emoción. Con la práctica seremos capaces de detectar una emoción en el instante de su aparición y en el de su desaparición, así como en todos los sutiles momentos intermedios de cambio. **Practicar la atención plena nos permitirá ser conscientes de la experiencia del aquí y ahora, identificar el estado de nuestra mente (si está agitada o en calma) y su contenido (pensamientos, sentimientos y sensaciones físicas).**

Pero no sólo podemos «monitorizar» nuestra mente desde la atención plena, también podemos observar cómo está nuestro cuerpo. Esto nos ayudará mucho, puesto que ya vimos que la emoción, como estado psicológico básico, genera cambios autónomos corporales fácilmente identificables. Nuestro cuerpo es una valiosa fuente de información, puesto que experimentamos las emociones con mucha más viveza en él antes que en nuestra mente. Por eso, cuando tratemos de percibir una emoción, será más sencillo y operativo concentrarnos en observar nuestro cuerpo. Por ejemplo, si en un momento concreto, cuando sentíamos mucha rabia, nos dimos cuenta de cómo se tensaba nuestro cuello, cómo fruncíamos el ceño, que sentíamos una ligera opresión en el pecho y que se nos aceleraba la respiración, cuando se vuelvan a reproducir esos cambios fisiológicos sabremos que existen unas elevadas posibilidades de que estemos sintiendo rabia y de que ésta aflorará en breve, (algo especialmente útil si nos encontramos interactuando con otras personas).

Algunas personas expresan la tristeza a través de una considerable falta de energía, con la mirada inclinada casi hacia el suelo, con un ligero peso en el pecho que dificulta la respiración o con los hombros relativamente caídos. Otros identifican que sienten miedo cuando se notan las manos húmedas, sienten bombear claramente su corazón o notan un escalofrío por la espalda.

No todas las personas sentimos de la misma manera las emociones en nuestro cuerpo. Es cierto que existen ciertos patrones comunes, pero no existe ninguna correlación generalizada entre una determinada emoción y el modo en que ésta se manifiesta en el organismo de todas las personas. En cada sujeto la emoción puede expresarse de una determinada manera, por lo que será necesario descubrir cuál es nuestro patrón fisiológico particular para cada emoción.

Para practicar la atención plena no necesitamos una habilidad especial, ni muchos años de práctica; podemos empezar mañana mismo con sencillos ejercicios que nos acerquen a un mayor control de nuestras habilidades mentales. Podemos comenzar buscando un sitio cómodo donde permanecer un rato sentados (lo suficientemente confortable como para estar relajados, pero donde no corramos el riesgo de quedarnos dormidos), y tratar de concentrarnos en nuestra respiración, siendo conscientes de todos sus matices durante un período no superior a cinco minutos. Se trata de observar cómo tomamos el aire, cómo responde nuestro cuerpo a esa inhalación, cómo exhalamos y la sensación que nos produce el aire saliendo por nuestra nariz.

Comenzaremos prestando atención al propio proceso de la respiración en sí, siendo conscientes cuando nuestra mente se desvíe hacia cualquier otro tema. Aceptaremos esa desviación y volveremos a orientar nuestra atención hacia la respiración, sin ningún tipo de juicio. Con un poco de práctica, identificaremos claramente los momentos en los que permanecemos en calma y se incrementa nuestro umbral perceptivo y cuándo alguna cosa nos despista y necesitamos volver a conectarnos con nuestra mente. Pronto notaremos cómo comienzan a ser más predominantes las situaciones en las que estamos centrados con lo que conseguiremos reforzar nuestra claridad mental. No es una práctica compleja, pero requiere cierta dosis de disciplina y perseverancia, sobre todo en estos momentos donde vivimos a una velocidad elevada (por ejemplo, mantenemos una conversación por teléfono mientras realizamos las más variadas operaciones) y, por ello, nos perdemos muchísima información del entorno.

Cuando sintamos que hemos alcanzado cierto nivel de práctica en la observación de nuestra respiración, podremos ir ampliando el abanico y fijarnos en el estado de algunas partes de nuestro cuerpo. Si hacemos un pequeño escaneo de cada una, podremos identificar las sensaciones que se van produciendo en ellas cuando estamos sintiendo una determinada emoción. Una manera rápida de alcanzar el éxito es aprovechar alguno de nuestros entrenamientos en atención plena para recordar alguna situación vivida que haya estado cargada de una emocionalidad muy intensa, positiva o negativa, y rememorar todos los detalles de la misma. Cuando estemos totalmente inmersos en ella, verificaremos cada una de las partes de nuestro cuerpo buscando indicadores y sensaciones diferentes a las del estado de reposo. Repasaremos cómo están nuestra cabeza, nuestros hombros, el cuello, los brazos, el pecho, la espalda, las manos, las piernas, etc.

También podemos confeccionarnos un listado de preguntas que nos ayuden a realizar ese barrido por las diferentes partes de nuestro cuerpo o a encontrar cambios fisiológicos a nivel más general. Algunos ejemplos serían:

- ¿Tenemos tensión o alguna molestia en algún lado?
- ¿Estamos sudando sin motivo aparente?
- ¿Tenemos las manos más frías de lo habitual y no hace frío?
- ¿Estamos cansados, sin ninguna razón que lo justifique?

Conocer nuestras reacciones fisiológicas nos ayudará mucho en el proceso de reconocimiento de nuestras emociones.

Fase 2. Detección

Una vez identificadas las diferentes señales que aparecen cuando surje la emoción, el siguiente paso será conocer a qué emoción corresponden. Para ello resulta necesario disponer de cierto conocimiento sobre el enorme abanico de emociones que pueden surgir o, en su defecto, estudiar más en profundidad aquellas que se pueden presentar con una mayor probabilidad; las llamadas «emociones básicas». Conocer sus características, sus desencadenantes y los efectos que pueden provocar en nosotros, nos ayudará a afinar nuestra inteligencia emocional. Pero, ¿cuáles son esas emociones básicas?

En el año 1972, el psicólogo Paul Ekman, uno de los pioneros en el estudio de las emociones, descubrió que había un grupo de emociones «básicas o universales», que se expresaban fisiológicamente de la misma manera en cualquier parte del mundo. Esto le llevó a pensar que posiblemente esas emociones tendrían origen biológico (como ya planteó, muchos años antes, Charles Darwin).

Aunque más tarde amplió el listado original a diecisiete, todavía continúa siendo mucho más utilizada su primera clasificación de seis emociones básicas. Utilizaremos esa primera clasificación de Ekman para profundizar un poco más en el significado de cada una las emociones universales o básicas:

1. **Alegría:** Se produce cuando valoramos cualquier suceso que nos ocurre como positivo o cuando pensamos que nos estamos acercando a la consecución de nuestras metas. La alegría nos ayuda a conectar más fácilmente

con los demás y a identificar sus estados emocionales. También nos ayuda a que afrontemos de una manera más sencilla nuevas tareas y retos, incrementando nuestras sensaciones de tranquilidad y calma e invitándonos a repetir aquellas conductas o acciones que nos hacen sentir bien. Al vivirla de una manera muy intensa, puede llevarnos a cierto estado de euforia, lo cual puede suponer un elevado desgaste emocional (por su gran despliegue de energía). El estado de alegría es fácilmente contagiable a otras personas, arrastrándola a determinadas acciones.

2. **Asco/repugnancia:** Esta emoción nos indica un fuerte rechazo hacia alguna persona, situación u objeto. Nos aporta información de que aquello que percibimos que no es bueno para nosotros o nos disgusta enormemente. En muchas ocasiones suele presentarse a través de determinados pensamientos, ideas o creencias que culpan, infravaloran o castigan ciertas características o el comportamiento de aquello que nos causa rechazo. En algunas circunstancias funciona como una alarma para que pongamos nuestra atención sobre algo que tiene una potencial peligrosidad para nosotros, debido a su posible capacidad para infectar, contagiar o contaminar nuestro organismo por ingesta o por contacto. Por eso, esta emoción tiene una función enormemente adaptativa. Cuando surge, capta toda nuestra atención y la focaliza hacia aquello de lo cual deberíamos separarnos.

3. **Ira:** Emerge cuando alguna situación o persona nos sobrepasa o incumple nuestras expectativas, cuando sentimos que hemos sido perjudicados, manipulados o engañados por alguien, o cuando algo nos impide conseguir nuestros objetivos. Nos traslada información sobre alguna situación que podemos considerar injusta y

nos da la energía necesaria para afrontarla e intentar resolverla. Además, cuanto más analizamos las causas o consecuencias del hecho, más razones encontramos para seguir furiosos, es decir, tiene una gran tendencia a retroalimentarse. Se encuentra altamente influenciada por nuestras creencias previas, ya que éstas inciden en la valoración que hacemos de los acontecimientos y suelen ser el desencadenante de la emoción. En la mayoría de las ocasiones este circuito está tan reforzado que, una vez aparecido el estímulo, es capaz de disparar casi automáticamente la emoción en segundos.

4. **Miedo:** El miedo existe para informarnos sobre los peligros que nos puedan acechar (tanto física como psíquicamente) y prepara nuestro organismo para enfrentarnos a ellos, inmovilizarnos o huir, por lo que resulta una emoción esencial para la supervivencia de cualquier especie. Supuestamente debería activarse ante un peligro real e inminente, pero hoy tenemos elevada constancia de cómo los seres humanos activamos esta emoción en situaciones donde el peligro no existe y, posiblemente, nunca llegue a existir. «¿Qué pasará si nos arruinamos?» «¿Y si nuestros hijos nos abandonan?» Esta emoción es capaz de movilizar rápidamente mucha energía y prepara al organismo en décimas de segundo para que pueda tener respuestas mucho más intensas de las que tendría habitualmente.

5. **Sorpresa:** Es una emoción de muy corta duración y suele estar provocada por situaciones inesperadas, ya sean físicas o cognitivas (cuando somos conscientes de que hemos olvidado algo importante, por ejemplo). Su función básica es preparar a la persona para afrontar con garantía los acontecimientos repentinos, ya que básicamente

limpia el sistema nervioso central de cualquier actividad en curso para centrar toda la atención del individuo en reaccionar frente al estímulo que tiene delante. Es bastante frecuente que, al ser tan breve, se transforme rápidamente en otra emoción: sorpresa y miedo, si vemos a una serpiente debajo de la mesa; sorpresa y angustia, si nos acordamos de que no hemos acudido a una cita con un cliente; sorpresa e ira, cuando nos enteramos de que nuestro mejor cliente ha comenzado a comprarle a la competencia; sorpresa y alegría, al ver que hemos sido propuestos para un ascenso; sorpresa y asco, al descubrir algo que flota en nuestra sopa, etc.

6. **Tristeza:** Se desencadena por la pérdida de algo que valoramos como importante. Es una emoción que suele estar centrada en el pasado y tiene un efecto reparador en la persona tras una pérdida, puesto que induce a la reflexión y la asimilación del daño sufrido. Una de sus principales características es la disminución de la actividad y una caída de la energía, provocada por una pérdida de interés por la mayoría de cosas que rodean a la persona, aspecto que favorece la calma y la reflexión. Es una especie de llamada de ayuda, ya que en ocasiones pretende captar la atención de los demás para que se interesen por nuestro problema.

Fase 3. Expresión

Una vez hayamos captado las señales emocionales y las hayamos interpretado adecuadamente, el siguiente paso será encontrar el término que explique aquello que estamos sintiendo. Resulta vital disponer de un vocabulario emocional adecuado para poder expresar adecuadamente lo que nos está ocurriendo.

Existen diferentes teorías que consideran al ser humano como un ser lingüístico, ya que se relaciona con él mismo, con la realidad que le rodea y con los demás a través del lenguaje. Además, el lenguaje que utilizamos es generativo, es decir, generamos situaciones o posibilidades en función de cómo expresamos las cosas. Por ejemplo, no es lo mismo decir que nos sentimos mal a decir que sentimos tristeza, ira o enfado. Ambas situaciones pueden ser vividas de una manera diferente por haber sido expresadas de diferente manera. En el primer caso, será complejo que encontremos los verdaderos motivos de nuestro estado y eso nos llevará a un malestar generalizado y difícilmente abordable, mientras que, el otro, siendo más específico, nos permitirá acometer de manera más eficiente la situación e incrementar nuestras probabilidades de encontrar soluciones.

Disponer de un adecuado vocabulario emocional nos posibilitará afinar más en la expresión de nuestro estado, lo que ayudará mucho a nuestra propia comprensión de la situación. Veamos cómo se podrían agrupar las emociones por familias, con la finalidad de afinar mucho más en la expresión de las mismas:

Figura 8. Agrupación de las emociones por familias

1. Alegría	Felicidad, gozo, excitación, satisfacción, regocijo, entusiasmo, diversión, placer, gratificación, euforia, contento, alivio, capricho, deleite.
2. Asco	Desprecio, antipatía, aversión, disgusto, repugnancia, desdén, acritud, animosidad, rechazo, recelo, amargura, repulsa.
3. Ira	Rabia, resentimiento, enojo, furia, tensión, cólera, agitación, odio, irritación, fastidio, impotencia, indignación, hostilidad, rencor, agresividad, enfado.
4. Miedo	Ansiedad, temor, inquietud, nerviosismo, pánico, aprensión, preocupación, horror, pavor, fobia, estrés, angustia, desasosiego, consternación, incertidumbre, susto, espanto, estremecimiento, terror, desazón.
5. Sorpresa	Sobresalto, asombro, desconcierto, admiración, extrañeza, estupor, vigilancia.
6. Tristeza	Pena, decepción, aflicción, frustración, desconsuelo, melancolía, desaliento, dolor, desgana, pesimismo, depresión, abatimiento, pesar, soledad, autocompasión, sobrecogimiento.

Las emociones funcionan como un sistema de señalización. Sin embargo, no sólo necesitamos ser capaces de descifrar esas señales, sino también de saber enviarlas. La incapacidad de expresar con precisión nuestras emociones significa que no enviamos señales sobre nosotros mismos y, como consecuencia, es posible que no se satisfagan nuestras necesidades. Por ejemplo, no mostrar nuestro enfado (cuando es la tercera vez que quedamos con un cliente y no se presenta a la cita, o cuando es la tercera vez que le visitamos para reclamar un cobro y nos dice que no nos preocupemos, que la próxima vez seguro que nos paga), seguramente suponga que la otra persona no cambie su conducta.

¿Cuándo deberíamos hacerlo?

Acabamos de ver lo importante que es identificar lo que estamos sintiendo para recoger cuanta información podamos sobre lo que está pasando y así tomar aquellas decisiones que más nos encaminen hacia nuestros objetivos. Pero, ¿cuándo hacerlo?, ¿qué momentos son los mejores para realizar esa identificación?

Desde nuestro punto de vista, hay tres momentos clave para recabar esa información, cada uno con sus características, sus desencadenantes y sus consecuencias.

La primera opción sería realizar este proceso con carácter sistemático **antes de comenzar una visita**. Cuando nos dirigimos a visitar a un cliente, realizar un primer «chequeo emocional» nos puede aportar una información vital sobre cuál es nuestro punto de partida, cómo nos encontramos, cómo nos puede ayudar o bloquear ese estado y si es el que deseamos para afrontar en las mejores condiciones la visita. Ésta es la parte más proactiva de la venta y está centrada en anticipar posibles problemas que puedan generarse por nuestro propio estado anímico.

Imaginemos que, mientras nos desplazamos a la siguiente visita, identificamos que tenemos bastantes dudas puesto que vamos a conocer a un posible cliente. Esas dudas quizás provengan del miedo a que el cliente no necesite nuestros servicios, a no caerle bien o a que sea una persona desagradable. Esos pensamientos generarán en nosotros cierto estado de ansiedad que quizás nos impida estar totalmente concentrados en las respuestas que nos dé el cliente, nos limite a la hora de leer mensajes entre líneas o nos empuje a contarle rápidamente las lindezas de nuestros productos o servicios, sin pararnos a sondear previamente sus necesidades.

Verificar nuestro estado emocional **durante la visita** nos ayudará a entender qué emociones están provocando en nosotros las palabras o decisiones del cliente durante nuestra conversación. El objetivo es analizar cómo reaccionamos ante determinados estímulos de nuestro interlocutor, para poder escoger la estrategia adecuada y responder acorde a nuestras necesidades. Identificar nuestro estado emocional en plena conversación nos permitirá regular ciertos estados emocionales y maximizar otros, buscando siempre la mejor interacción posible con el cliente.

Imaginemos que, después de estar esperando diez minutos en una sala, acabamos de entrar en el despacho del responsable de compras quien, con la mirada fija y un tono bastante tajante, nos dice: «Muy bien, ¿qué es lo que vendes?» Esta situación nos desestabilizará un poco porque esperábamos más amabilidad por su parte. Tras la sorpresa inicial, comenzamos a contarle las características de nuestros servicios o productos, confiando en que sabrá apreciar nuestra calidad y nuestro liderazgo en el mercado, sin tomarnos el tiempo necesario para sondear sus necesidades o recoger información sobre la compañía. Unos minutos más tarde el cliente comienza a contarnos el buen servicio que le presta su actual proveedor, la calidad de sus productos y el buen precio que le ofrece, despreciando todas esas variables en nuestra oferta. Nosotros empezamos a sentirnos bastante indignados puesto que sabemos que tenemos la mejor oferta del mercado y sentimos un deseo irrefrenable de demostrarle, con datos objetivos, lo equivocado que está. Pero, ¿cómo actuará el cliente cuando se sienta cuestionado por una persona que acaba de conocer y que le hace dudar sobre sus actos y pensamientos en su propio despacho?

El tercer momento en el que reflexionar sobre nuestro estado emocional es **una vez finalizada la visita**. Pocas veces nos planteamos cómo se nos ha quedado el cuerpo o con qué sensaciones hemos salido de ella. Planteándonos estas cuestiones descubriremos cómo respondemos ante determinadas situaciones y eso nos ofrecerá una información valiosa para afrontar mejor la siguiente visita (no vaya a ser que la afrontemos con una gran carga de resentimiento o no vaya a ser que necesitemos «resetearnos» y modificar nuestro estado emocional).

Al finalizar esa visita imaginaria, y mientras nos dirigimos a nuestro coche, nos sentimos raros, como revueltos por dentro, pero no sabemos exactamente por qué. No hemos disfrutado con la visita y mucho menos con el resultado. Ése: «No pienso cambiar de proveedor por más que insistas», no ofrece unas expectativas muy positivas. Con cierto desánimo arrancamos el coche y nos dirigimos a la siguiente visita del día con la cabeza baja. ¿Es éste el mejor estado emocional para afrontar el resto de la jornada? Si identificamos nuestro desánimo y lo validamos (puesto que es normal sentir cierta tristeza cuando no conseguimos lo que pretendemos) y comenzamos a pensar en cómo nos gustaría sentirnos, conseguiremos superar la situación rápidamente y comenzar a trabajar en generar otra mucho más positiva.

Unos días después podemos hacer balance sobre la situación vivida con nuestro cliente e identificar cuál fue nuestro estado emocional en todas las etapas de la relación. La siguiente semana volveremos a realizar la misma ruta. ¿Podríamos pasarnos a verle para enseñarle un nuevo producto que vamos a comenzar a comercializar en exclusiva?

¿Cómo hacerlo?

Existen múltiples herramientas y ejercicios que nos pueden ayudar a identificar nuestras emociones adecuadamente.

Una de ellas puede ser llevar una especie de *diario emo-*

cional[2], en el que ir anotando nuestras emociones en varios momentos a lo largo del día. Con esta herramienta elevamos nuestra conciencia emocional puesto que, poco a poco, nos iremos acostumbrando a reflexionar sobre nuestros estados emocionales. Llegará un momento en el que no será necesario anotar nada en ningún sitio para ser conscientes de ellos.

Tenemos dos maneras de hacerlo. La más sencilla es coger una libreta o una pequeña agenda e ir registrando en determinados momentos (escogidos previamente y recordados, por ejemplo, con una alarma) en qué estado emocional nos encontramos. Cada vez que suene la alarma, acudimos a nuestro diario y registramos qué emoción estamos sintiendo en ese momento.

Otra alternativa es crear un listado con diferentes emociones e ir evaluando, en un momento determinado, en qué porcentaje se encuentra dicha emoción en nosotros. Por ejemplo, evalúa de 1 a 10 tu estado emocional en este momento:

Activo	Amistoso
Tranquilo	Cansado
Malhumorado	Excitado
Alegre	Triste
Nervioso	Confuso
Contento	Abatido
Seguro	Inquieto

Además de las dos posibilidades anteriores, también podemos registrar información más cualitativa que nos permita comprender mejor cómo hemos vivido una situación pasado un tiempo: dónde estaba, con quién, qué ocurrió, etc.

---

2 Algo muy de moda entre los ejecutivos norteamericanos que han denominado *"journaling"*.

Capítulo 2. Aumenta tu seguridad y tus resultados

Imagina que eres agente comercial de una compañía de seguros. Por un error informático, no te han abonado en tu nómina las comisiones del mes anterior, junto con un bonus extra del año pasado que te correspondía por haber sido el mejor vendedor de todo el equipo. Tú contabas con ese dinero porque tienes que acometer ciertos gastos importantes este mes, por lo que ese error te va a ocasionar muchos trastornos a nivel familiar y personal. Obviamente, estás muy enfadado porque llevas al teléfono casi una hora intentando que te resuelvan el problema y tus compañeros de la central te dicen que no pueden hacer nada hasta el mes que viene. En cinco minutos tienes tu primera visita del día. Cuelgas el teléfono y, mientras aparcas, intentas «resetear» tu mente para enfrentarte a una importante reunión. Pones tu mejor cara, saludas a tu posible cliente con una sonrisa, y comienzas a explicarle las características del seguro de vida que comercializas. ¿Crees que podrás mantener la sonrisa durante toda la conversación? ¿En qué medida crees que aflorará tu verdadero estado de ánimo durante la visita? ¿Te puede ayudar algo ese estado emocional o te penalizará durante la conversación? ¿Hay algo positivo de ese estado de ánimo que deberías conservar?

Situaciones como ésta se repiten mucho más a menudo de lo que desearíamos. **En los instantes previos a la visita nos encontramos en un estado emocional determinado y no nos paramos a reflexionar si eso nos puede servir para algo.** Simplemente, intentamos apartarlo de nuestra mente, pasarlo a un segundo plano y modificar nuestro semblante para aparentar que nos encontramos perfectamente y que estamos cien por cien centrados en la conversación. Algo usual y aparentemente inofensivo que supuestamente no nos perjudica en nada.

Ahora imagina que vas conduciendo tu vehículo, y que se enciende en el cuadro de mandos una señal luminosa, un icono que indica que debes prestar atención a algo en concreto. ¿Qué harías? ¿Cogerías un trozo de cinta aislante y lo taparías para que no te molestara mientras conduces y continuarías tranquilamente tu recorrido? ¿Verdad que sería absurdo? Lo más lógico y menos peligroso sería parar un momento para identificar qué es lo que le pasa al vehículo y tomar una decisión acorde, ¿no es cierto?

Si parece tan obvio, ¿qué extraña razón es la que nos lleva a no prestar atención a las señales que nuestras emociones nos lanzan, qué nos empuja a mirar hacia otro lado y excluir de nuestra consciencia una información tan importante para nosotros?

Ya hemos aprendido a identificar nuestro estado emocional, a buscar los indicadores que nos aportan información sobre lo que estamos sintiendo y a localizar una etiqueta que nos facilite detectar la emoción que estamos expresando. Perfecto. En este capítulo daremos un paso más para que el vendedor reflexione sobre la idoneidad o no de su estado emocional para conseguir el objetivo que se plantee en cada momento.

Ya que las emociones nos predisponen a realizar ciertas acciones, e incluso pueden actuar de catalizador a la hora de tomar decisiones, tiene sentido que nos acostumbremos a crear un espacio temporal en el que podamos valorar en qué medida lo que estamos sintiendo nos puede ayudar o limitar durante el proceso de venta. Podemos llevar esa autoconciencia a un nivel superior y analizar la información que nuestro estado emocional nos envía con la finalidad de decidir qué debemos hacer: mantenerlo, regularlo, ocultarlo o magnificarlo.

En el caso de que decidamos actuar sobre nuestro estado emocional, regulándolo o magnificándolo, las fases previas de detección y decisión serán cruciales, puesto que no podremos gestionar y actuar sobre un estado emocional si no somos conscientes de él, y si no juzgamos adecuadamente si es beneficioso o no para nosotros, con la finalidad de decidir la dirección de nuestra acción.

Lo que pretendemos en esta fase es que las emociones, lejos de distraer o bloquear el pensamiento, lo mejoren y lo focalicen. Cuántas veces no nos hemos encontrado en una conversación importante con otra persona y, al finalizar, nos hemos dado cuenta de que gran parte de la misma nos ha pasado desapercibida porque nuestra mente estaba pensando en algún problema anterior que consiguió secuestrar casi la totalidad de nuestra atención, retirándola de lo que era importante en ese momento. Quizás antes de comenzar la charla hubiéramos podido haber actuado al respecto.

Cuando un vendedor desarrolla la habilidad para comprender la información emocional que le llega a partir de sus estados afectivos, sabrá cómo evolucionarán dichos estados en el tiempo y cuál es su significado. De esta manera conseguirá que la sensación de seguridad y control aumenten sobremanera en sus interacciones con el cliente. Manejando la información que nos arrojan nuestras emociones podemos fortalecer nuestro pensamiento y no hacerle vivir situaciones que lo confundan o limiten.

Para ello, una vez identificada la emoción, tres acciones nos permitirán tener un grado de comprensión mucho más nítido acerca de lo que estamos sintiendo:

1. Tomar conciencia de la interpretación que damos a la emoción,
2. Observar los comportamientos mediante los cuales expresamos la emoción,

3. Ser conscientes de los efectos secundarios que algunas emociones tienen en otras áreas de funcionamiento.

Veamos las tres con detenimiento:

1. *Tomar conciencia de la interpretación que damos a la emoción*, a través de las sensaciones que sentimos en nuestro cuerpo y de nuestra propia experiencia emocional. Reunir esos datos y buscar una etiqueta para definir la emoción, nos ayudará a contextualizarla y a trabajar con ella.

   «El cliente me miró fijamente a los ojos y me comentó que mi oferta era la mejor de todas las que le habían presentado, que estaba sorprendido por los precios que le había propuesto pues conocía la calidad de mis productos y desconocía que pudiéramos trabajar en esas condiciones, pero que lo sentía mucho, ya que tenía una gran vinculación con su proveedor de toda la vida y prefería pagar lo mismo o un poquito más pero seguir trabajando con él, en gratitud al servicio que le había prestado durante los últimos años y a los muchos apuros de los que le había sacado».

   «¡¡¡Gratitud!!!» pensé yo. «Ya no sé lo que hay que hacer para que un cliente consiga comprarte» me decía mentalmente mientras notaba cómo un intenso calor me subía por la garganta hasta la cara. «Tienes el mejor producto, el mejor precio y, aún así nada» continué mientras me daba cuenta de cómo estaba apretando el puño por debajo de la mesa. En ese momento caí en la cuenta de que no debía contestar al cliente rápidamente porque sino quizás fuera la rabia la que hablaría por mí

y se esfumarían del todo las pocas opciones que podía aún tener».

Es algo totalmente normal que en una situación así sintamos un gran enfado. Sin embargo, mostrárselo abiertamente al cliente, puede hacer que se sienta cuestionado y molesto, y que nos asocie con esa sensación negativa lo cual nos cerraría la puerta a hacer negocios juntos en un futuro.

2. *Observar los comportamientos a través de los cuales expresamos la emoción* nos ayudará a predecir cómo podemos responder en determinadas circunstancias, algo clave para decidir si queremos conservar ese estado emocional o si nos conviene regularlo de alguna manera. Los seres humanos no somos ciencia pura; sin embargo, sí solemos tener una marcada tendencia de comportamiento en situaciones concretas y, sobre todo, cuando experimentamos determinados estados emocionales. Por eso, si conocemos nuestro patrón habitual de comportamiento, podremos inferir mejor el resultado que se producirá si damos rienda suelta a la emoción que sentimos en un determinado momento.

«Siempre he sido bueno detectando lo que puede ir mal. Soy una persona con tendencia a pensar en las cosas que pueden fallar y esto me lleva a que aborde determinadas reuniones con un futuro cliente con las dudas y el miedo de si sabré detectar adecuadamente sus necesidades, de qué producto de mi catálogo será el que necesita o de si mi precio será competitivo».

«Precisamente esta mañana he tenido una de esas visitas complicadas en las que el cliente no comparte in-

formación conmigo y contesta a mis preguntas sobre su empresa con otra pregunta referente a nuestro servicio, nuestros precios y nuestros productos. Eso me ha descolocado bastante y he pensado que la visita no iba del todo bien. En un momento determinado me he sentido bastante aturdido, el estómago se me ha encogido, me costaba concentrar mi mente en lo que el cliente me decía y no paraba de escuchar mi vocecita interior diciéndome que no iba a captar ese cliente si no conseguía darle un giro de 180 grados a la situación».

«Al detectar estas sensaciones, me he dado cuenta de que las dudas comenzaban a atacarme y que, si me dejaba guiar por el miedo, rápidamente le dejaría el catálogo y mi tarjeta y saldría corriendo de allí confiando en que alguna vez me llamaría para realizarme un pedido, pues eso es lo que he hecho en muchas otras ocasiones similares».

3. *Ser conscientes de los efectos secundarios que algunas emociones tienen en otras áreas de funcionamiento* como, por ejemplo, la memoria, nuestra capacidad de focalizar la atención, nuestra capacidad de percibir hechos concretos, las acciones que podemos realizar, nuestra predisposición a resolver los problemas, etc.

   «Ni en mis mejores sueños me hubiera imaginado que la visita podría estar fluyendo de semejante manera. Sentía que había una especie de conexión entre el cliente y yo; le dábamos importancia a las mismas cosas, se reía de las anécdotas que yo le contaba. En definitiva, ambos estábamos pasando un buen rato y no me cabía ninguna duda de que lograría captar esa empresa como nuevo cliente».

«Notaba la relajación en mi rostro, cómo mi boca esbozaba una sonrisa y no veía más que oportunidades dentro de ese clima excepcional. La alegría me invadía y, al detectarla, decidí tomar notas de algunos aspectos concretos que el cliente valoraba muy positivamente para que no se me olvidaran, a ver si con tanta risa me dejaba por el camino algo importante».

«En ese momento, descubrí que al cliente le había parecido muy bien el que financiáramos determinadas operaciones. Sin embargo, no le había comentado los requisitos que debía cumplir para ello. Guiado por mi alegría, podría haberme centrado sin darme cuenta sólo en las cosas positivas lo cual, posteriormente, podía haber conducido a que el cliente se llevara un chasco importante cuando se diera cuenta de los compromisos que debía asumir».

Como hemos visto, si nuestro estado de ánimo es positivo, nos predisponemos a vivir emociones que nos hacen sentir bien y, si son negativos, ocurre exactamente lo contrario. Estas emociones, a su vez, nos condicionan para actuar de una manera determinada y generan una serie de pensamientos congruentes con ellas, algo que servirá para que nuestro estado emocional se retroalimente y permanezcamos en él durante bastante tiempo.

Figura 9. Relación entre el estado de ánimo y la emoción

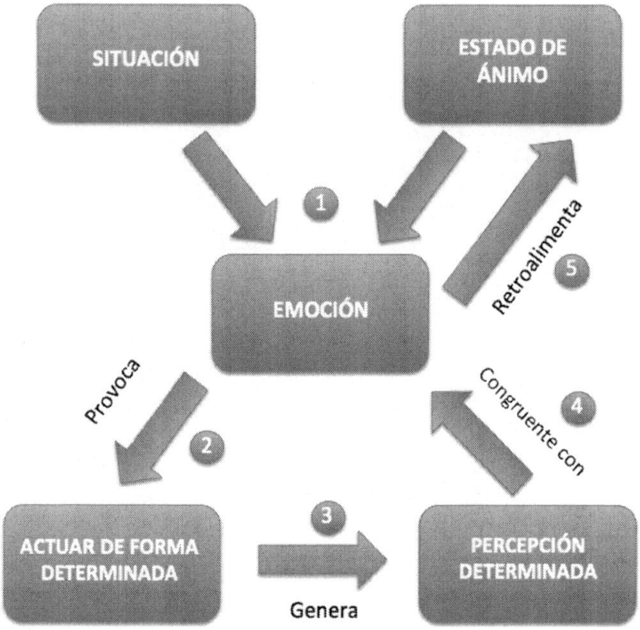

Puesto que este efecto suele producirse en un plano alejado de nuestra consciencia, debemos entrenar nuestra capacidad de atención para identificar lo que está ocurriendo, descubrir de qué manera vamos a estar predispuestos a reaccionar, qué tipo de pensamientos surgirán en nuestra mente y si nos conviene lo que va a ocurrir o debemos cambiar nuestro estado emocional.

¿Y qué fue antes, el huevo o la gallina? ¿Es nuestro estado emocional el que condiciona nuestro pensamiento o es éste el artífice de que se hayan generado en nosotros determinadas emociones? Pues, como muchas cosas en la vida, quizás ambas respuestas sean correctas pues existe una correlación bastante elevada entre emoción y pensamiento.

Hay días en los que tu estado de ánimo no es el más adecuado: estás falto de energía y triste; mientras vas en el coche, piensas en lo mal que están las cosas, lo difícil que se ha vuelto todo, que ahora ya no es suficiente con vender, sino que casi es más importante cobrar. Te diriges a realizar tu primera visita del día. ¿Cómo crees que percibirás la información que te proporcione el cliente? ¿Crees que tendrás tendencia a malinterpretar negativamente las experiencias que vivas en la visita?

Situación 1:

Cliente: *«Esta semana no necesito nada. Pásate la semana que viene y veremos lo que me hace falta».*

Tú: *«Claro, pásate la semana que viene. Ya me está dando largas. Seguro que le está comprando el material a la competencia y a mí no sabe cómo decirme que no piensa comprarme nunca».*

Situación 2:

Cliente: *«Dile a tu director comercial que, o me revisáis las tarifas, o me veré obligado a empezar a comprarle a la competencia».*

Tú: *«¡¡Qué desastre!! Otro cliente que vamos a perder por no ser competitivos en el precio y luego, cuando se lo digo a mi jefe, me dice que sólo soy capaz de vender con descuentos».*

Situación 3:

Cliente: *«El otro día estuvo aquí un comercial de la competencia; era bastante majo y sus productos eran bastante similares a los vuestros».*

Tú: *«¡¡Desde luego!! Qué mala suerte la mía. Para un cliente medio fidelizado que tengo y comienza a visitarle la competencia. Como sea un buen comercial me lo quitará».*

Estas situaciones son, en sí mismas, «neutras» porque son lo suficientemente generales y ambiguas para que puedan ser interpretadas en una u otra dirección (positiva o negativa). Pero al combinarlas con nuestro estado de ánimo, (que ya hemos visto que no era muy positivo), generarán una serie de emociones acordes con dicho estado: dudas, miedo, ira, desconfianza. Estas emociones condicionarán nuestra forma de actuar y, al mismo tiempo, provocarán que percibamos la situación de una manera determinada, focalizando nuestro pensamiento en las dificultades, en las cosas que podemos perder, en las consecuencias que vendrán después del fracaso. Así, será difícil que liberemos todo nuestro potencial para afrontar y resolver la situación de la mejor manera posible.

Si tenemos la mente ocupada con todo tipo de ideas negativas, ¿crees que estaremos lo suficientemente despejados como para encontrar rápidamente la solución a cada problema? Las situaciones y reacciones del cliente, abordadas desde un estado emocional negativo, nos generarán tal confusión que nuestro cerebro pensará que no nos queda más alternativa que actuar automáticamente desde la emoción (con consecuencias que pueden ser trágicas para la relación). En el mejor de los casos conseguiremos frenarlas pero, al no encontrar la manera adecuada de actuar, nos bloquearemos.

Esta manera de pensar retroalimenta las emociones negativas que, a su vez, consolidarán todavía más el estado de ánimo pesimista que desencadenó todo el proceso, lo que incrementará la probabilidad de que nos pase lo mismo en el resto de visitas de la jornada. Y no sólo eso, posiblemente se extienda a todo el resto de situaciones del día, profesionales o personales. ¿Cómo crees que llegarás a casa? ¿Tendrás ganas de jugar con tus hijos o de charlar tranquilamente con tu pareja?

Después de una dura jornada de trabajo y con ese runrún en la cabeza, posiblemente no lleguemos con el mejor humor posible a nuestro domicilio y así nos iremos a dormir. Mientras descansamos, nuestro cerebro asentará y registrará toda la información generada durante el día. ¿Qué tipo de información crees que guardará? Quizás pensemos que no nos han ocurrido cosas positivas durante el día, aunque las haya habido. Nuestro cerebro habrá magnificado las situaciones negativas por el simple hecho de haber puesto atención sobre ellas y, las «neutras» las reconvertirá en negativas a través de la interpretación que realiza desde nuestro estado de ánimo.

Y, por si no teníamos bastante, esto no acaba aquí. También existen elevadas probabilidades de que, al despertar el día siguiente, nuestro estado de ánimo siga inalterado y no nos sintamos bien, sin saber exactamente cuál es el motivo de nuestro desánimo, con lo que el proceso volverá a comenzar de nuevo. Imaginad qué respuestas encontrará nuestro cerebro desde ese estado a estas preguntas que podríamos estar realizándonos mientras desayunamos:

- ¿Encontraré atasco y llegaré tarde a la cita que tengo?
- ¿Cuántos pedidos voy a cerrar hoy?
- ¿Cuántas incidencias tendré hoy?
- ¿Tendré energía suficiente para aguantar toda la jornada?

En estas situaciones somos lo más parecido a un hámster corriendo en su rueda, sólo que, en nuestro caso, lo hacemos de manera mental e intangible, aunque liberando posiblemente la misma energía inútil.

El verdadero problema es que no somos conscientes de cómo nosotros mismos creamos esa inercia. Solamente nos centramos en el malestar que nos genera el aluvión de emociones negativas que terminan solidificándose en un estado de ánimo negativo. Pero bueno, ¿qué esperamos recibir si no alimentamos nuestro cerebro con pensamientos nutritivos y positivos? Si plantamos una semilla de mala calidad, no esperemos que germine algo extraordinario. ¿Qué tipo de emociones crees que surgirán en nosotros si habitualmente nos repetimos frases del tipo?

- «Este trabajo es un asco, desde luego no se nos reconoce adecuadamente nuestro esfuerzo y nadie valora lo que hacemos por la compañía».
- «Ese objetivo es imposible de conseguir ¡Con lo difíciles que están las cosas y este año nos piden un 5% de crecimiento!»
- «No soy bueno prospectando el mercado, y ahora tengo la necesidad de generar nuevos clientes. Creo que mis resultados van a empeorar».
- «Me cuesta mucho cerrar las operaciones; creo confianza y explico bien el producto, pero no consigo materializarlo en pedidos. ¿Qué voy a hacer?»
- «En clientes grandes no suele funcionar nuestro producto; es una lástima porque eso me generaría grandes pedidos, pero tengo que focalizarme en clientes más pequeños».

Este tipo de creencias sobre lo que nos rodea no responde a aspectos objetivos de la realidad, sino a interpretaciones que hacemos de la misma que nos limitan y que difícilmente nos van a ayudar a crecer y a conseguir cosas. Intentemos paralizar esa inercia. **Pensemos que las cosas nos pueden ir mejor que hasta ahora, pensemos en lo que necesitamos para sentirnos bien, felices y plenos.** Cosas que dependan de nosotros, que podemos alcanzar por nuestros propios medios sin depender del entorno ni de otras personas. ¿Quieres ver cómo cambiaría el guión si estuviéramos en un círculo virtuoso?

Imagínate que te levantas por la mañana y te sientes bien, pones la radio y disfrutas escuchando un par de canciones que te gustan, sonríes mientras te lavas la cara. Te colocas tu corbata favorita y vas a dar cuenta de un rápido pero sabroso desayuno. Entras en tu coche y, en vez de encender la radio, pones un CD de tu grupo favorito. Mientras tarareas una canción haces un repaso mental de tu primer cliente del día: cómo fue la última visita, qué cosas valora, qué compró en su último pedido, etc. Te sientes alegre. Observas que el siguiente semáforo está en rojo y detienes tu vehículo antes del paso de cebra. ¿Cuáles serían tus respuestas desde ese estado de ánimo a las siguientes preguntas?

- «¿Cumpliré con los objetivos marcados para este mes?»
- «¿Volverá a comprarme este cliente?»
- «¿Pagará a su debido tiempo sus facturas?»
- «¿Entenderá mi cliente el motivo de esa ligera incidencia debida a un fallo humano?»

Vaya diferencia, ¿verdad? Lo realmente curioso es que, en ambas circunstancias, lo único que ha cambiado eres TÚ; en ambas eres tú quien está creando una serie de expectativas sobre lo que va a suceder. El resultado será radicalmente distinto en función de cómo te sientas.

Si dejamos que determinadas emociones campen a sus anchas sin aportarnos nada positivo, dejaremos que nuestra mente se focalice en aquello que no funciona y, al estar entretenida con los errores y con lo que puede salir mal, nos hará casi imposible disfrutar de nuestro trabajo y provocará que nuestro rendimiento se encuentre muy por debajo de lo esperado.

Aquellas personas que son capaces de aprovechar su estado de ánimo (cuando éste les puede ayudar) o que son capaces de alterarlo (si consideran que les puede penalizar) tienen ventaja frente aquellas otras que viven a merced de sus emociones y que navegan sin rumbo fijo totalmente condicionados por las mismas.

Ésta es la manera en la que nuestras emociones nos afectan de manera intangible. Nuestra percepción e interpretación de la realidad se verán alteradas, y también lo harán otras habilidades cognitivas como la memoria o la toma de decisiones. Pero los estados de ánimo también nos predisponen a que reaccionemos de una determinada manera, es decir, también nos afectan de manera tangible.

Porque, ¿contestaremos de la misma manera a un cliente desde la alegría o desde la ira? ¿Negociaremos igual desde el rencor o desde el aprecio? ¿Resolveremos igual de bien una incidencia desde la calma o desde el abatimiento o el temor? Seguro que no, puesto que cada emoción lleva aparejada una manera particular de responder y comportarse. Quizás la reacción varíe de unas personas a otras (no todos respondemos de la misma manera ante la confusión, la frustración o la rabia). Sin embargo, sí existe, en cada persona, una gran correlación entre la respuesta y la emoción; esto es, tenemos tendencia a reaccionar siempre de la misma manera cuando sentimos una determinada emoción.

El vendedor debe comprender los vínculos existentes

entre sus sentimientos, sus pensamientos, sus palabras y sus acciones, del mismo modo que debe ser conocedor del modo en que sus sentimientos tiñen todas sus percepciones e influyen sobre su rendimiento. Para poder recopilar información de este proceso automático y mayoritariamente inconsciente, podemos recurrir a la práctica de la atención plena, que, como vimos, puede ayudarnos a entender los lazos de unión que existen entre estas variables.

Si somos capaces de entender cómo funcionan estos vínculos, seremos capaces de anticipar nuestras respuestas y decidir si queremos seguir adelante con un determinado estado emocional o si necesitamos regular nuestra conducta.

«'¡¡Ya me la han vuelto a liar!!' pensé mientras mi cliente me gritaba a través del teléfono que estaba esperando al repartidor desde las 10:00 h de la mañana y que ya llevaba más de tres horas de retraso. Y no era la primera vez, ya había ocurrido en varias ocasiones que el departamento de logística no había mirado las notas en la hoja de pedido y fallaba algo a lo que me había comprometido. Y además es que, con ese cliente en particular, ya habían cometido varios errores, por lo que su enfado estaba totalmente justificado».

«Noté rápidamente cómo me estaba alterando. Mi cuello se tensó, noté un nudo en el estómago y, en ese mismo momento, mientras el cliente me estaba hablando, recordé cómo suelo reaccionar cuando me enfado mucho con alguien: dejo de escuchar para pensar en el problema y en sus causas, suelo ser muy impulsivo a la hora de dar una solución y tengo tendencia a levantar la voz a la otra persona».

«'¿Quieres reaccionar de esa manera? Sólo le faltaba a este cliente que tú te comportes con él así para terminar de arreglarlo', me dije. Así que respiré hondo, y opté por aceptar el sentimiento de enfado que tenía por culpa del descuido de mis compañeros y dejarlo ir, buscando la calma nece-

saria para decidir claramente cuáles tenían que ser los siguientes pasos y encontrar una solución que fuera lo menos mala posible».

Como vimos en el anterior capítulo, las emociones son como una alarma que, en determinadas circunstancias, nos informa de que algo no va bien, que nos estamos saltando algo. Si reaccionamos impulsivamente, si existen discrepancias entre nuestros valores y nuestros sentimientos, más tarde sentiremos una profunda inquietud en forma de culpabilidad, vergüenza, dudas, inquietud, remordimientos, etc. Por el contrario, **las decisiones que se ajustan a nuestra brújula interna resultan estimulantes, impulsan la atención y la energía necesarias para conseguir lo que queremos**. El problema es que, si no tomamos el control sobre este proceso, difícilmente podremos llegar a esos estados de plenitud.

A continuación volveremos a realizar un repaso sobre las emociones básicas identificadas en el capítulo anterior. Esta vez veremos en qué medida van a afectar al proceso de venta cuando son sentidas por el vendedor:

1. **Alegría.** Esta emoción nos va a ayudar a:

    - Generar nuevas ideas, pensar en nuevos caminos y ver otras oportunidades, algo fundamental a la hora de rebatir objeciones o de resolver una incidencia con nuestro cliente.
    - Descubrir aquello que nos hace sentir bien y valorar nuestro trabajo, clientes, resultados, tareas, etc.
    - Ser más creativos y resolver mejor los problemas de tipo inductivo, porque nos invitará a ir más allá de la información específica y pensar en nuevos caminos y en múltiples ideas.

- Sentirnos más generosos y amistosos, lo que nos facilitará crear un vínculo emocional con otras personas y una mayor predisposición hacia la ayuda, algo tremendamente importante a la hora de generar relaciones satisfactorias con el cliente, que nos proporcionará un flujo de información constante y sincera por su parte.
- Tomar decisiones de una manera rápida, sin necesidad de hacer un acopio importante de información.
- Indagar mejor y conseguir más información en una conversación, algo que puede resultar crucial cuando detectamos necesidades de un cliente en una conversación.
- Por otro lado, un exceso de alegría también nos puede inducir a cometer más errores en la solución de un problema, puesto que nos resultará más difícil ser reflexivos y anticiparnos a posibles problemas futuros.

2. **Asco/repugnancia.** Esta emoción nos va a predisponer a:

    - Identificar claramente aquello que no nos gusta o que no es adecuado para nosotros, nuestros resultados o nuestros clientes, lo que nos ayudará a fijar la atención sobre aquello que puede ser nocivo para nuestros intereses.
    - Apartarnos de personas o situaciones que no nos aportan ningún valor.
    - Hablar mal de ciertas personas, productos o situaciones, lo cual podría dañar nuestra imagen delante de otras personas.
    - Encauzar nuestra atención hacia aquello que está provocando la emoción, lo que nos impedirá enfo-

carnos en otras cosas o ser conscientes de otros detalles más allá de esa situación.
- Generar energía y acción, que provocará que nos movilicemos en alguna dirección para evitar o huir de algo.

3. **Ira.** Esta emoción nos invita a:

- Focalizar y estrechar la atención hacia una situación que consideramos injusta o hacia una amenaza patente, aportándonos muchos detalles de la misma. Esto nos impedirá que podamos observar otros matices que podrían llegar a cambiar el signo de la situación o nos llevará a caer en malentendidos.
- Movilizarnos frente a la situación, generando la energía suficiente para que la afrontemos y busquemos una solución inmediata a la misma, con la finalidad de que nuestros intereses no se vean vulnerados.
- Provocar una respuesta desmesurada o fuera de tono, algo que puede dañar nuestra imagen.
- Concentrarnos en todos los detalles de una situación, lo cual puede ser fundamental a la hora de resolver un error o una situación poco equitativa. Incluso nos puede servir para generar alguna alternativa válida (aunque éstas no serán muy numerosas y siempre se producirán después de cierto tiempo).
- Perder de vista el largo plazo y centrarnos bruscamente en la situación presente, lo cual puede impedirnos visualizar la situación en toda su magnitud o hacer que perdamos detalles que, a la larga, podrían ser necesarios.

4. **Miedo.** Esta emoción nos ayudará a:

   - Ser más precavidos llevándonos a recopilar mucha más información para poder tomar una decisión por sencilla que parezca. Esto nos puede venir bien a la hora de decidir si comenzamos a trabajar con un cliente o no o incluso para fijar el nivel de riesgo que estamos dispuestos a asumir en una determinada operación.
   - Que se despierten y agudicen nuestros sentidos, haciendo que percibamos muchos más detalles de cualquier situación. También es cierto que el miedo provoca que la situación que lo genera atraiga como un imán nuestros sentidos impidiendo que podamos percibir aspectos más allá de la propia situación.
   - Anticiparnos a los problemas, identificando qué es lo que puede salir mal en una determinada operación o con un nuevo cliente, aunque también es cierto que secuestrará de tal manera nuestras capacidades cognitivas que nos resultará casi imposible ser conscientes de lo que podría salir bien o del provecho que podríamos obtener de una situación.
   - Huir de alguna situación de la que consideremos que no podemos obtener nada positivo o en la que el impacto de la pérdida sea mucho mayor al beneficio que se puede obtener. En el otro extremo, nos podría alejar de buenos negocios que no hayan sido evaluados adecuadamente.
   - Puede incluso llegar a bloquear la actividad de una persona, impidiendo que reaccione ante una situación o que sea incapaz de decidir cuál es la solución u opción que mejor se adapta a sus necesidades.
   - Revisar nuestras viejas presunciones sobre algo y descubrir matices nuevos en lo que nos resulta fa-

miliar.

5. **Sorpresa.** Es una emoción que nos va a predisponer a:

    - Reorientar rápidamente nuestra atención para poder percibir nuevos aspectos de algo o de un nuevo elemento que ha entrado en escena.
    - Focalizar nuestra atención en algo para buscar mucha más información que nos permita evaluar la situación en segundos.
    - Generar curiosidad y movimiento hacia la indagación y la escucha en ciertas conversaciones que podamos mantener con nuestro cliente.
    - Evalúar rápidamente una situación para dejar paso a otra emoción.

6. **Tristeza.** Esta emoción nos invita a:

    - Reducir nuestra energía y no actuar impulsivamente ante determinadas situaciones, algo que nos puede ayudar a no tomar decisiones precipitadas. Pero puede también convertirnos en personas excesivamente reactivas a las que cueste mucho anticiparse a situaciones conflictivas.
    - Reflexionar profundamente sobre alguna situación y encontrar todos los matices que pueden condicionarla, aunque la tendencia será a focalizarnos en los aspectos menos positivos.
    - Tomarnos nuestro tiempo a la hora de tomar una decisión y evaluar todas las alternativas posibles, antes de decidirnos por una de ellas. Además nos predispone a seguir un enfoque mucho más sistemático y a no saltarnos ningún paso del proceso de venta o del protocolo interno de nuestra compañía.

- Resolver problemas de razonamiento deductivo, puesto que nos ayuda a concentrarnos en los detalles, establecer relaciones y llegar a conclusiones.
- Hacer balance de nuestros resultados, identificar lo que hemos hecho mal y aprender de ello. Esta predisposición hacia los errores o los aspectos negativos de la situación puede provocar que no percibamos los aspectos positivos de la misma.
- Crear mejores argumentos persuasivos y así poder enviar mensajes más convincentes a nuestros clientes, aunque la falta de energía nos puede penalizar a la hora de mostrar cierta pasión en la presentación de la idea.

Figura 10. Resumen de las principales emociones y su posible impacto en el comportamiento del vendedor

1. Alegría	*"Cooperemos, generemos algo juntos, creemos, podemos generar nuevas e interesantes ideas".* Mejoramos nuestra capacidad inductiva para solucionar problemas. Se libera nuestra energía y nuestra atención (hacemos nuevos descubrimientos). Mejora nuestra predisposición a la ayuda y a la generosidad. Nos invita a adoptar soluciones creativas a los problemas.
2. Asco	*"No haga eso, le volveré a fallar. Evite lo mal que le haré sentir. No disfrutará si hacemos negocios juntos".* Demostrar que no podemos aceptar algo.
3. Ira	*"Luche. Sus derechos han sido violados".* Luchar contra los errores o las injusticias.
4. Miedo	*"No se acerque, hay un peligro. Si trabajamos juntos puede que no escoja la mejor alternativa. Quizás no gane lo suficiente si colaboramos. Quizás no soy la mejor opción".* Actuar para evitar consecuencias negativas. Prestamos más atención al entorno que nos rodea (buscamos amenazas).
5. Sorpresa	*"Cuidado, esté alerta. Fíjese en esta nueva información. Le traigo esta novedad".* Dirigir la atención hacia algo inesperado e importante.
6. Tristeza	*"Socorro, estoy dolido. Déjeme ayudarle".* Más reflexivo, con más tendencia a escuchar y valorar nuevas alternativas. Nos centramos más en los detalles, mejora nuestra capacidad deductiva para resolver problemas.

Capítulo 3. Descubre los orígenes

En los dos capítulos anteriores, hemos abordado el complejo pero sugerente mundo de la detección emocional, un paso imprescindible que debemos realizar para alcanzar el estado que deseamos.

Habitualmente queremos llegar rápidamente al final del camino o a la solución del problema. Cuando hablamos de emociones queremos regular directamente aquéllas que nos hacen sentir mal e impedir que puedan hacer daño o molestar a las personas de nuestro alrededor. Sin embargo, en estas cosas no existen atajos, ni trucos mágicos. Para empezar resultará imposible controlar algo que no sabemos que está ocurriendo. Por eso es capital realizar una buena identificación de la emoción y un primer sondeo de su posible utilidad.

«Estaba siendo una mañana extraordinariamente dura. Después de la enésima discusión con su pareja durante el desayuno y la ansiedad producida por el pequeño atasco que encontró durante el camino (por el que casi le cierra la puerta la guardería donde lleva cada mañana a su hijo), Laura fichó cinco minutos tarde, algo que probablemente le generaría una reprimenda por parte del responsable de sección de los grandes almacenes donde trabajaba desde hacía unos cuantos años. A todo esto, ya eran tres los abonos realizados a varios clientes, lo que haría que su comisión se resintiera a final de mes y, precisamente, ahora que venían varios pagos importantes.

«En ese momento, se acercó de manera enérgica una clienta y le dijo, desde varios metros de distancia y con cierta altanería:

–¡¡¡Oye, guapita, ven un momento!!!

«¿Guapita?», repitió Laura mentalmente, «ya me ha tocado otra clienta 'especialita'».

–Dígame, señora, ¿en qué puedo ayudarle? –le contestó forzando una sonrisa y tratando de reprimir su estado de ánimo.

–Hace tres días me llevé estos zapatos que me han hecho unas rozaduras increíbles. Le dije a la chica que me atendió que tenía los pies muy sensibles y que no me importaba pagar más, pero que no quería que me hicieran rozaduras –contestó airada la clienta mientras miraba fijamente a Laura a través de sus gafas de sol.

–¿Usted se los probó aquí en la tienda cuando le atendieron? –preguntó ella con la intención de recabar algo más de información de la situación.

–¿Pero qué pregunta más estúpida es ésa? Pues claro que me los probé y parecían muy cómodos, pero cuando los he llevado unas cuantas horas me han destrozado los pies. Además, tu compañera me dijo que no me preocupara, que esta piel era buenísima y que no me harían rozaduras, que merecía la pena la inversión. ¡¡¡Menuda estafa!!! –terminó gritando la clienta.

–No se preocupe, señora, que estoy aquí para resolverle su problema –comentó la dependienta de manera casi automática para ganar algo de tiempo y relajar un poco a la clienta–. ¿Se acuerda de la persona que le atendió?

–¿Y qué importa eso ahora? No te quieras escudar en otra persona, lo que quiero es que me devuelvas el dinero de los zapatos. ¡Y rapidito!

–La verdad es que, si ha usado los zapatos, no puedo devolverle el dinero. Pero déjeme que vea lo que puedo hacer.

–¿Que no puedes devolverme el dinero? Mira, si no quieres que llame ahora mismo a tu jefe y le diga lo incompetente que eres, ya me puedes devolver ahora mismo

el dinero. ¿Me entiendes? –respondió la enfurecida señora mientras todas las personas que pasaban a su alrededor se giraban al escuchar sus gritos.

–¿Perdone? –dijo Laura sintiendo como si un montón de nubes negras se arremolinaran ante la inminente tormenta–. ¿Pero usted quién se ha creído que es para hablarme así? –contestó mientras apoyaba sus manos en el mostrador–. Usted no tiene ningún derecho a gritarme, ni a faltarme al respeto –continuó mientras los ojos se le inundaban de lágrimas–. Llame a quien tenga que llamar y que le resuelva el problema, no me importa, pero tenga por seguro que yo no voy a mover un dedo por ayudarle –finalizó mientras se marchaba corriendo al aseo, donde rompió a llorar desconsoladamente».

¿Quién no ha vivido una situación así alguna vez? ¿Quién no ha explotado y ha dicho o hecho cosas de las que luego se ha arrepentido? ¿Pero cuántos problemas le puede acarrear esa respuesta a nuestra protagonista?

Éste es un ejemplo de esas situaciones en las que no nos paramos a pensar cuál es la mejor manera de reaccionar sino que lo hacemos de manera automática sin tener en cuenta ninguna de las variables de nuestro entorno y pagando un enorme precio por ello, tanto en lo anímico (porque nos sentimos fatal y eso nos afecta tanto física como psíquicamente) como en lo profesional.

La autorregulación emocional nos permite canalizar tanto las emociones negativas como las positivas de manera productiva y, a la vez, aprender de ellas y aprovecharlas en lugar de que resulten una carga. Porque, si no aplicamos un pequeño filtro a nuestros impulsos emocionales, –incluso a los positivos– nos podemos ver muy penalizados. ¿O acaso piensas que sería positivo que confiáramos en un cliente que nos pide que le sirvamos un nuevo pedido, a pesar de que nos debe las tres últimas facturas, sólo por el hecho de que nos cae bien y una parte de nosotros quiere confiar en él?

Básicamente, este mecanismo de control nos ayudará a anticipar y filtrar nuestras reacciones emocionales para aumentar nuestra eficacia en cualquier situación. Si somos capaces de frenarnos en un momento clave, tomar la información necesaria del entorno y recordar cuál es nuestro objetivo, entonces podremos tomar mejores decisiones y reaccionar de una manera mucho más adaptativa. El problema es que todo este proceso ocurre en segundos y, al mismo tiempo, supone ir en contra de nuestros impulsos naturales que disparan automáticamente nuestras emociones «para garantizar nuestra supervivencia» (o, al menos, eso piensan ellas).

¿Por qué nos cuesta tanto controlar cómo actuamos en determinadas situaciones?

La respuesta a esta pregunta la encontramos en la neurociencia. Que seamos capaces de controlar nuestras reacciones automáticas o nuestros impulsos depende, en gran medida, de la interacción entre dos zonas de nuestro cerebro, de las que ya hemos hablado: el córtex prefrontal (el centro ejecutivo del cerebro o «cerebro pensante») y los centros emocionales del cerebro medio (límbico) y, en particular, los circuitos que convergen en la amígdala.

La interacción entre esas dos zonas crea una especie de autopista nerviosa que. cuando está equilibrada, es la base del autodominio y potencia nuestra capacidad de decidir cómo queremos reaccionar en cada situación.

Cuando vivimos una situación muy estresante, el cuerpo y la mente se preparan para una crisis. La amígdala (o, más concretamente, los núcleos amigdalinos) toma el control de las acciones imponiéndose al córtex prefrontal. Por un momento la zona prefrontal queda «aturdida» o «secuestrada» y reacciona de una manera excesivamente lenta, lo cual afecta a un número importante de tareas cognitivas que, en otro caso, nos ayudarían a actuar de una manera correcta (es decir, racional) en esa situación. En esos instantes nos cuesta mucho pensar de manera adecuada, se entorpece nuestra capacidad de aprendizaje, nuestra memoria no funciona adecuadamente, somos menos creativos y flexibles, nos cuesta focalizar nuestra atención en otras cosas y nos resulta casi imposible mirar más allá de lo que tenemos delante.

Cuando la amígdala ocupa una posición privilegiada, —quizás porque ha detectado una amenaza o una injusticia—, toma el mando sobre resto del cerebro, apresando nuestra atención y dirigiéndola hacia el peligro. Cuando esto ocurre, se producen una serie de efectos negativos: un claro desenfoque de nuestro objetivo último (discutimos con un cliente que más adelante nos podemos volver a encontrar en nuestro camino), nuestra memoria deja de funcionar con normalidad (sólo recordamos aquellas cosas que nos han hecho activar todas las alarmas y no las cosas positivas que también puede tener la situación) y somos incapaces de tomar buenas decisiones.

Podríamos decir que la amígdala es como una «mala influencia» que, cuando toma las riendas, nos conduce a realizar acciones de las que más tarde podemos arrepentirnos, puesto que se desencadenan desde emociones como la angustia, la ira o el miedo. Y el córtex prefrontal es como una «influencia buena», ya que en esta zona se localiza el control cognitivo que regula la atención, la toma de decisiones, la acción voluntaria, el razonamiento y la flexibilidad de respuesta.

Y todo esto lo provocan nuestras emociones. La ira, el miedo o la tristeza, sentidas con una gran intensidad, separan nuestra actividad cerebral de sus zonas óptimas provocando que nuestra agilidad mental se vea muy resentida. La angustia, por ejemplo, sentida de una manera prolongada, puede afectar de manera directa a los resultados, al disminuir la capacidad cerebral de procesar información impidiéndonos responder eficazmente a las exigencias de la situación.

No podemos impedir esas respuestas semiautomáticas cuando estamos embargados por alguna emoción, pero sí podemos hacer mucho por gestionarlas adecuadamente. Por eso, lo que diferencia a los buenos vendedores del resto, es su capacidad de regulación emocional.

En resumen, la autorregulación emocional permitirá que nuestra autoconciencia pase al siguiente nivel y que incrementemos nuestro grado de dominio a la hora de interpretar lo que nos está ocurriendo. Se comportará como una especie de diálogo interno continuado que nos ayudará a decidir cómo queremos reaccionar ante una situación determinada.

Dejemos claro que el autocontrol emocional no consiste en evitar las emociones, pues hay situaciones en las que puede ser apropiado sentir una determinada emoción (si algo nos irrita en exceso, continuará haciéndolo). Lo único que cambiará será nuestra respuesta.

Tampoco consiste en negar o reprimir los sentimientos genuinos. Las emociones nos facilitan mucha información y, si las negamos, nos perderemos esa información. Si algo nos enfada, será por algún motivo. Si negamos la emoción desconoceremos cuál es el verdadero motivo por el que nos sentimos de esa manera.

Por último, tampoco significa no sentir jamás determinadas emociones. Las emociones existen para darnos información, pero su aparición puede exceder nuestro control. Si el comportamiento de alguien, (como faltar a su palabra), provoca en nosotros ira, esa emoción puede evolucionar hacia la cólera (si no somos capaces de regularla), o, alternativamente, hacia la indignación, (cuando nos sentimos agraviados pero somos capaces de conservar el control sobre nuestra mente y nuestros pensamientos). Por supuesto seguiremos teniendo momentos de mal humor o enfado, pero encontraremos formas de canalizarlos de una manera mucho más provechosa.

«No corrían buenos tiempos, ya no era suficiente con vender (con lo que cuesta), sino que era mucho más importante cobrar. Gran parte del equipo comercial comenzaba a tener, de manera sistemática entre sus tareas, reclamar ciertos pagos de los clientes antes de poder servirles el siguiente pedido ya que, si excedían una determinada cantidad de deuda, el propio sistema impedía poder tramitar una nueva petición de mercancía.

«Luis, antes de abordar la visita más importante de la mañana, decidió pasarse a ver a uno de sus más antiguos clientes que le debía un par de facturas. Era la tercera vez que iba a verle y el cliente siempre le daba largas, así que esa vez decidió hacer caso a su jefe y ponerse un poco más duro con él.

–Buenos días, venía a ver a Pepe –saludó amablemente a uno de los camareros del restaurante.

–Buenos días, el Señor García no está en estos momentos –le contestó éste de manera casi automática.

–¡¡Cómo que no está!! Si su coche está aparcado en la puerta del restaurante –replicó Luis subiendo el tono de voz e incorporándose en la barra, mientras el camarero retrocedía un paso con cara de sorpresa.

–Mmm, déjeme que mire dentro, no vaya a ser que haya vuelto ya y no me haya dado cuenta –contestó el chico con la voz entrecortada y sensiblemente nervioso.

«Ya estamos de nuevo con estas tonterías, en cuanto te deben alguna cosa parece que se los trague la tierra», pensó

Luis mientras observaba cómo el camarero atravesaba la cocina hacia el almacén. Al cabo de unos instantes apareció su cliente que, con un gesto, le invitó que acudiera a un rinconcito menos poblado de la barra.

–Buenos días, Luis. ¿Qué tal va todo? –saludó mientras extendía su mano y sonreía–. Disculpa al chaval, que está medio atontado. Hace media hora que he venido y no se ha dado ni cuenta –dijo mientras sacudía su mano enérgicamente.

–Pues regular, pero seguro que me vas a dar una buena noticia y ya tienes preparado lo mío –comentó Luis de manera tremendamente directa.

–Hombre, te dije que te llamaría cuando lo tuviera preparado. Ahora mismo me pillas sin efectivo –contestó el Señor García con cara de no haber roto nunca un plato.

–Algo parecido me has dicho en las dos últimas ocasiones que he venido a verte y en la empresa ya no me dan más cuartelillo. Me han dicho que, o me pagas hoy, o no te podemos servir más.

–Pues lo siento mucho, pero hoy no va a ser posible. Quizás la semana que viene. Pásate el martes y seguro que tendré algo preparado.

«En ese momento, algo hizo clic en la cabeza de Luis. Comenzó a sentirse engañado, es más, tenía la sensación de que intentaban tomarle el pelo y eso era algo que le irritaba de manera descomunal.

–Pero, ¿tú piensas que puedes hacerme venir aquí diez veces para cobrar un par de facturas? ¿Eres consciente de que mi trabajo no es éste, que yo tengo que estar en la calle vendiendo? –le preguntó subiendo el tono de voz y clavando la mirada fijamente en el Señor García.

–¿Pero tú quien te crees que eres? Mira, chaval, como tú hay cientos en la calle y a mí no me grita ni mi padre. O te pasas el martes que viene, o entenderé que no queréis cobrar

la mercancía. Yo, con comprarle a otro, ya tengo el problema resuelto –contestó el cliente más enérgicamente todavía.

–¡¡Comprarle a otro!! Con todo lo que he dado la cara por ti en la empresa y ahora me amenazas con comprarle a la competencia. Tú eres un sinvergüenza y un estafador –respondió Luis perdiendo totalmente los papeles.

–¡¡Estafador!! Vete ahora mismo de mi local si no quieres que tengamos un disgusto y no vuelvas por aquí.

Como ves, Luis se ha dejado llevar por la cólera al sentirse engañado y eso, junto a la bronca que había recibido en la última reunión de ventas y al deseo de no ceder ni un milímetro en su postura, le han hecho saltar a la primera de cambio.

¿Habría otra manera de manejar una situación como ésta? Seguro que sí. Luis podría haberse mantenido igual de firme en su postura sin haber perdido los papeles, sin haber gritado a su cliente y sin haberse alterado tanto. Si de una manera amable y educada le hubiera dicho:

«Mira Pepe, sabes que aprecio mucho nuestra relación, pero tengo orden de pasar tus datos al departamento jurídico si no me pagas hoy alguna de las facturas que tienes pendientes. Me sabe muy mal esta situación, pero me encuentro entre la espada y la pared; es la tercera vez que me haces venir para cobrar y, en la última reunión, hablamos de tu caso concreto y mi jefe me pidió que ésta fuera la última vez que viniera. ¿Cómo podemos resolver esto?»

No sabemos si así habría conseguido cobrar, pero de la manera en que ha actuado, sabemos que con total seguridad no lo ha logrado. Además, ahora su organismo está lleno de un cóctel de hormonas que no van a ayudar nada a su salud. Y no olvidemos que, con ese proceder, si existía alguna posibilidad de volver a hacer negocios en un futuro con ese cliente, ésta se ha esfumado para siempre.

¿Qué debemos hacer para regular una emoción?

Dos etapas van a resultar fundamentales en nuestro camino por regular determinadas emociones:

1. *Comprender la causa por la que surgen determinadas emociones.* Para ello será fundamental conocer cómo surgen en base a nuestra particular interpretación de la realidad y,

2. *Entrenar determinadas herramientas que nos ayuden a minimizar su impacto.*

El primer paso será plantearnos cuál es la causa de una determinada emoción, de dónde proviene. Sería algo así como preguntarnos: «Ahora que sé que lo que estoy sintiendo es desprecio, ¿cuál será la causa o procedencia de esa emoción?»

Con esta pregunta obtendremos diversos beneficios: Por un lado comenzaremos a activar la parte racional (córtex prefrontal), zona cuya actividad había quedado mermada y reducida con la emergencia de la emoción. Accederemos a una información extra a la cual no hubiéramos llegado sin cuestionarnos esto y, al racionalizar el origen de la emoción, disminuiremos el impacto impulsivo que provoca en nosotros.

Debemos comprender cuáles son nuestras necesidades y deseos, qué cosas, personas o situaciones nos causan determinados sentimientos, qué pensamientos generan tales emociones, cómo nos afectan y qué consecuencias y reacciones nos provocan.

En ese proceso mental tendremos que recurrir a una doble visión:

- *Hacia el pasado,* para que, de manera retrospectiva, podamos conocer las causas generadoras del estado anímico.
- *Hacia el futuro,* para ser conscientes de las posibles consecuencias de esa emoción.

Si somos capaces de comprender adecuadamente la emoción que estamos sintiendo, nos resultará más sencillo etiquetarla correctamente, regularla y elegir nuestra respuesta. ¿Piensas que la respuesta de Luis hubiera sido la misma si hubiese comprendido cuál era la emoción que estaba sintiendo? Posiblemente no hubiera reaccionado de la misma manera desde el reconocimiento de resentimiento, indignación, impotencia o cólera. Sin embargo, al dejarse llevar por su primer impulso, ha perdido mucha información sobre qué estaba sintiendo y cuál era su origen, ya que todo se tiñó de una agitación considerable, un deseo de ataque irrefrenable y una energía muy elevada, algo a lo que habitualmente le ponemos la etiqueta genérica de «ira».

Por eso, la comprensión emocional también supone entender cómo pueden ir evolucionando los estados emocionales (quizás Luis en su primera visita para cobrar ya sintió una molestia, que se convirtió en enfado en la segunda y que terminó en ira) y cómo pueden llegar a combinarse para crear emociones secundarias y su significado. Luis seguramente acaba sintiendo cierto remordimiento, que surgirá de la combinación de un sentimiento de culpa y otro de pena por la situación vivida con su cliente.

¿De dónde surgen las emociones?

Las emociones se producen como respuesta a un acontecimiento que puede ocurrir en el exterior (alguien nos dice algo o vemos algo que la desencadena) o en nuestro interior (pensamos en las visitas que realizamos la semana pasada). Una vez se produce ese hecho, nuestro cerebro lo interpreta en décimas de segundo y genera una emoción que nos invitará a comportarnos de una determinada manera. El problema es que, gran parte de ese proceso, se encuentra totalmente automatizado. Determinados eventos se comportan como un «gatillo» que dispara una determinada emoción. El juicio o la interpretación de los acontecimientos se realiza de manera inconsciente.

Figura 11. El proceso que desencadena las emociones (y las subsiguientes acciones)

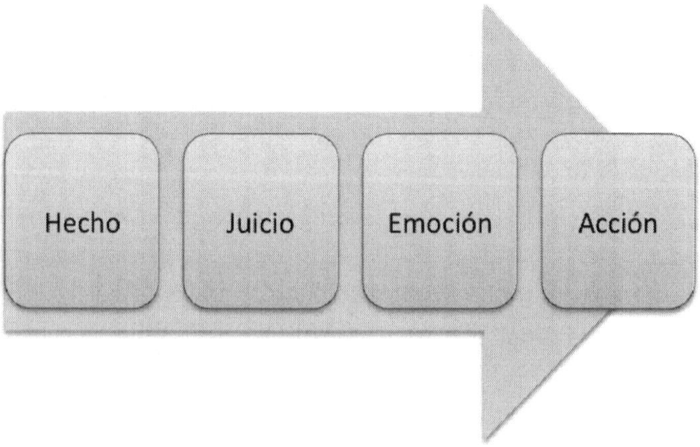

Imaginemos que Luis visita a otro cliente por la tarde para tratar de cobrar otra factura y éste le contesta lo mismo que el Señor García le había dicho por la mañana: «Pásate la semana que viene y seguro que habré podido preparar algo de dinero».

¿Cómo crees que se sentirá? ¿Qué emoción aflorará automáticamente en su mente y en su cuerpo?

Si pudiéramos observar lo que ocurre en su cabeza, –aunque él no sea consciente de ello–, veríamos que muy posiblemente pensaría: «Ya estamos en las mismas, otro que me quiere tomar el pelo». De manera casi automática generará un juicio negativo sobre el comentario recibido, lo cual encenderá rápidamente la luz de alarma y avisará a su amígdala de que algo peligroso puede ocurrirle. Esto desencadenará, en décimas de segundo, una emoción de enfado o de ira, algo que quizás le tensará y le hará reaccionar otra vez de manera brusca o contestar de malas maneras.

Alternativamente, si Luis reconociera su sensación de enfado y se propusiera comprender por qué se está sintiendo así, tomaría conciencia de lo que provoca su emoción, anticiparía la interpretación de la misma, podría reflexionar sobre el hecho de que es la primera vez que ese cliente le debe una factura y analizar objetivamente la situación. Podría así llegar a la conclusión de que es algo para estar atento pero por lo que no necesita enfadarse o contestar de manera agresiva. En muchas ocasiones, al comprender el origen de la emoción, podemos ser conscientes de la interpretación que estamos realizando de la misma y así ser capaces de regularla y modificarla por otra más adaptativa.

Quizás este enfoque le permita a Luis recordar que su cliente ha sido un buen pagador durante los últimos cuatro años y considerar que, en esos momentos, puede estar atravesando ciertas dificultades económicas, lo cual le puede hacer pasar de la ira a la compasión, una emoción mucho más saludable y adaptativa desde la cual intentar resolver el problema. Eso no quita que, si en sucesivas visitas, el cliente continúa sin pagar, tendrá entonces que aceptar cierto grado de enfado o indignación para ser capaz de exigir una solución definitiva.

Existen múltiples teorías sobre la forma en la que interpretamos las situaciones y, a día de hoy, se continúa investigando y generando explicaciones nuevas que nos permitan comprender este complejo proceso cognitivo. Una de las más aceptadas y utilizadas es la que vincula el origen de nuestras interpretaciones a nuestras creencias.

Una **creencia** es una idea o afirmación personal que consideramos verdadera y que creemos que no tenemos necesidad de contrastar con nada, puesto que estamos totalmente convencidos de ella. Suele ser un paradigma basado en la fe, ya que no tiene fundamento racional, demostración o justificación empírica que pueda corroborarla.

Su creación es subjetiva y está tremendamente influenciada por nuestro entorno más próximo, ya que es, en nuestra infancia o adolescencia, cuando solemos generar la mayoría de nuestras creencias sobre nosotros mismos o sobre la vida, el trabajo, los amigos, la familia, y el mundo en general.

Las creencias son estructuras de pensamiento (ideas) elaboradas y arraigadas a lo largo del aprendizaje de vida que sirven para explicarnos la realidad y que forman la base sobre la que cada persona construye su escala de valores.

Dicha escala es una ordenación de nuestras creencias individuales, es decir, son principios que nos dan información sobre cómo deberíamos responder en determinadas situaciones y que nos permiten valorar nuestra experiencia. Por lo tanto, nos comportamos en base a nuestra escala de valores, la cual se ordena y estructura en función de nuestras creencias.

Figura 12. Cómo influyen nuestras creencias en nuestra conducta

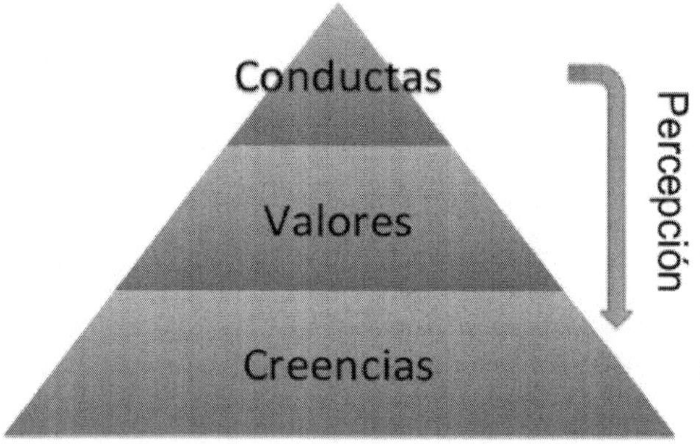

Veámoslo con un caso práctico. Luis, desde que era pequeño, escuchaba a su padre decir: «En esta vida no te puedes fiar de nadie. Cada uno va a lo suyo y mira sólo por sus intereses. Cuando alguien te ayuda, es que algo quiere». Al unir esta interpretación de las relaciones interpersonales con alguna desilusión de su juventud, en el inconsciente de Luis probablemente se habrá consolidado el valor «desconfianza» en una posición muy elevada en su escala de valores. Esto provoca que Luis, cada vez que debe confiar en alguien o tiene una posición fuerte en una negociación, hace valer sus derechos y busca dejarlo todo «bien atado» puesto que le cuesta mucho confiar en otras personas.

Imaginaos ahora cómo puede influir esto en el día a día de Luis con sus clientes en las siguientes situaciones:

- «Si me haces un buen precio en este pedido, te prometo que te convertirás en mi proveedor único».

- «No sé qué problema ha podido ocurrir con la transferencia. Sírveme este pedido y en unos días te abonaré los dos».
- «Ahora mismo no necesito nada. Pásate en unos días y vemos cuáles serán mis necesidades el mes que viene».

Lo realmente curioso es que, una vez creadas y consolidadas ciertas creencias, nuestra mente las reafirma mostrándonos sólo aquella parte de la realidad congruente con ellas, obviando o dejando caer en el olvido todas las situaciones que las contradigan. Es decir, **percibimos la realidad en base a las creencias que tenemos.**

Si le preguntáramos a Luis por qué desconfía tanto de sus clientes, seguro que su mente le mostraría aquella vez en la que un cliente le quiso engañar o aquella otra, cuando comenzaba en ese negocio, en la que un cliente se aprovechó de su inexperiencia para conseguir un trato estupendo. Sin embargo, su mente no le mostrará todas las ocasiones en las que los clientes han cumplido su palabra y han sido consecuentes con lo prometido.

Las creencias distorsionan de tal manera la realidad que son capaces de convertir actos buenos, o por lo menos neutrales, en negativos. Todos estos procesos cognitivos se producen a nivel inconsciente y, por eso, escapan de nuestra visión directa, por lo que es tremendamente complicado detectarlos y corregirlos sin la ayuda de alguien externo suficientemente creíble como para cuestionar nuestras creencias con hechos objetivos y hacernos conscientes de este proceso.

Creencias del tipo «no soy bueno consiguiendo nuevos clientes» pueden convertirte en un profesional mediocre ya que tu cerebro te mostrará y te hará recordar múltiples situaciones en las que no conseguiste añadir a tu cartera un cliente nuevo y te llevará a obviar todas aquellas situaciones en las que sí lo hiciste. ¡Haz la prueba! Seguro que, si posees una creencia de este tipo, te costará encontrar, aunque las haya, situaciones que la contradigan.

Por eso, la manera de reinterpretar una situación es buscando hechos objetivos. ¿Qué me ha dicho realmente? ¿Hubiera reaccionado igual si me lo hubiese dicho alguien a quien aprecio? ¿Cuántas veces me ha hecho esto en el pasado? ¿Permitiría comportarse así a mi mejor cliente? ¿He conseguido alguna vez captar un cliente con su misma forma de pensar?

No nos sentimos de la misma manera cuando un cliente que acabamos de conocer rechaza una propuesta que le hacemos que cuando lo hace nuestro mejor cliente con el que llevamos trabajando diez años. Y no recibimos de la misma manera una broma de un responsable de compras al que consideramos mala persona que otra de uno al que consideramos un «buen tipo». Según nuestras creencias sobre estas personas, interpretamos las situaciones, y esto hace que se despierten en nosotros unas emociones u otras. De ahí que **conocer el origen de la emoción puede ayudar en gran medida a su regulación y control.**

Según habíamos visto hasta aquí, hay una estrecha relación entre la emoción, nuestra cognición o pensamiento sobre ella y nuestro comportamiento. Quizás ahora entendamos mejor la fase cognitiva e inconsciente previa a la emoción que es la que provoca que interpretemos de una determinada manera las situaciones que nos rodean y que condiciona las emociones que sentimos.

Figura 13. Fase cognitiva previa a la emoción

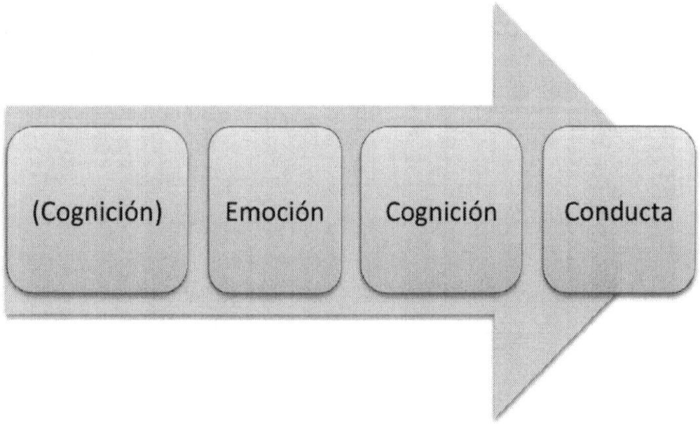

Otro aspecto que influye sobremanera en el origen de las emociones es nuestro **estado de ánimo**, ya que éste incide de una manera muy sibilina en nuestros pensamientos y, por lo tanto, en nuestra interpretación de las situaciones que vivimos día a día. Cuando estamos de buen humor, tenemos pensamientos más optimistas, las situaciones son vividas e interpretadas de manera más positiva y, por lo tanto, estamos mucho más predispuestos a sentir emociones que nos hacen sentir bien. Cuando nuestro humor es negro, corremos el riesgo de malinterpretar determinadas situaciones, teñir de un color sombrío cualquier hecho o comentario que recibamos, y convertirnos en imanes de emociones que nos hacen sentir mal. ¿Recuerdas cómo afrontabas y vivías una visita cuando llevabas un día de perros y todo te salía mal?

¿Cómo reflexionar sobre el origen de nuestras emociones?

A modo de guía, queremos compartir contigo una serie de cuestiones que te pueden ayudar a reflexionar sobre el origen de tus emociones en una situación determinada. No dudes en apuntarlas en algún sitio donde puedas consultarlas cada vez que quieras obtener más información sobre la emoción que estés sintiendo en un momento dado. Por supuesto, si se te ocurre alguna más, puedes añadirla a esta lista y completar la misma hasta que quede totalmente a tu gusto.

Ante una situación en concreto, pregúntate:

- ¿Qué estás sintiendo?
- ¿A qué emoción lo podrías emparejar?
- ¿Qué evento ha desencadenado esa emoción?
- ¿Qué es exactamente lo que te ha hecho sentir así?
- ¿Ha sido un hecho objetivo o una interpretación tuya?
- ¿Cabe alguna otra interpretación? ¿Cuál?
- ¿Qué piensas ahora de esa situación?
- ¿Cuál es la emoción que más te ayudaría en esa situación?

A continuación veremos de qué manera podemos regular nuestras emociones y autogenerarnos estados anímicos que nos ayuden a disfrutar más de nuestro trabajo y a conseguir nuestros objetivos con mayor facilidad.

Capítulo 4. «Resetea» tus emociones

El principal objetivo de este capítulo se centra en ser capaces, de manera consciente, de regular la compulsión que provocan las emociones, para favorecer la aparición de determinadas conductas o acciones. Se trata de generar un proceso de decisión en el que identifiquemos cómo nos gustaría responder en una determinada situación. ¿Cuántas veces tenemos que «resetearnos» en el parking de nuestra siguiente visita y dejar parte de nuestro estado de ánimo en el coche para generarnos un estado óptimo que nos permita afrontar la reunión con más probabilidades de éxito?

A todos nos gustaría comportarnos de la mejor manera posible en todas las situaciones. Sin embargo, la mayoría no puede mantener la conducta que desearía todo el tiempo porque las emociones, en muchas ocasiones, nos obligan a actuar de otra manera.

Tenemos que controlar nuestro primer impulso emocional para poder decidir cómo queremos responder. Quizás, una de esas respuestas sea querer sentirnos de una manera diferente y re-orientarnos más correctamente hacia nuestro objetivo. Para ello tendremos que aprender a autogenerarnos estados emocionales positivos.

«Laura colgó el teléfono y se levantó de su mesa para dirigirse al despacho de su jefe. Arturo era su director comercial y se podría decir que no había mucha química entre ellos, dada la prepotencia y la agresividad con la que el director se dirigía habitualmente a su equipo. En el último año la situación se había tensado mucho; varios compañeros habían sido despedidos por sus malos resultados y el ambiente era cada vez peor dentro de la compañía. Y más

desde que Arturo había paralizado cualquier mínima inversión en marketing y promoción de productos, algo que había complicado sobremanera el trabajo de sus vendedores, acostumbrados a captar bastantes pedidos con descuentos y regalos publicitarios.

«Laura era la mejor vendedora del equipo, lo que le hacía ser la única que se atrevía a dirigirse a su responsable con la franqueza e incluso, a veces, la dureza necesaria para explicarle claramente su visión de lo que ocurría en el mercado y en la compañía.

–Buenos días, Arturo. ¿De qué querías hablarme?

–Pasa, pasa. ¿Has visto los resultados del último trimestre?

–Claro que los he visto, los he reportado yo –contestó ella en tono desafiante.

–¿Y no te parecen bastante mediocres? Hasta ahora te salvaba que eras la mejor vendedora, pero con estos resultados, te quedas sin escudo.

–¿Y qué quieres decir con eso? –contrarrestó Laura sosteniendo la mirada a su jefe.

–Pues que, o espabilas un poco, o igual dejas de trabajar aquí.

«En ese momento, Laura sintió como si algo se le removiera por dentro. Notó cómo su respiración se entrecortaba y cómo el corazón parecía que se le iba a salir del pecho. Por un lado deseaba darse media vuelta y marcharse, dando un buen portazo y dejando con la palabra en la boca a su jefe; pero, por otro, también le apetecía enormemente contestarle y decirle, bien clarito, lo que pensaba de él.

«Mientras pensaba en esas dos opciones, se dio cuenta de que, hacía unos segundos, había dejado de escuchar y, aunque permanecía mirando a su jefe, era como si sólo le viera mover los labios pero sin ser capaz de prestar atención a sus palabras. Estaba indignada por sus comentarios, sen-

tía mucha rabia debido a la tremenda injusticia que suponía que hiciera a los vendedores responsables de los malos resultados de la compañía cuando él había contribuido mucho a complicar su trabajo».

¿Cómo crees que terminará esta situación si Laura da rienda suelta a su estado emocional? De hecho, no hace falta que ella se prepare para responder de una determinada manera porque su cerebro ya está listo para el contraataque, ya ha activado todos los recursos del organismo para la batalla o la huida. Ahora sólo hay dos acciones posibles: dejarse llevar por lo que le «pide el cuerpo», sin pensar en lo que puede ocurrir a continuación, o contener la cascada emocional y ganar unos pocos segundos para decidir cómo le conviene comportarse, sobre todo pensando a medio y largo plazo.

Si llevamos a cabo las acciones impulsivas que tienen origen en nuestras emociones, realizaremos acciones poco reflexivas que, en la mayoría de los casos, empeorarán la situación. Para poder frenar en parte esa impulsividad, debemos aprender a tolerar cierto grado de malestar. El cambio personal, en la mayoría de las ocasiones, sólo es posible cuando estamos dispuestos a asumir un cierto nivel de dolor o malestar que, por otro lado, forma parte de nuestra vida.

Una mayor tolerancia al malestar deviene en una disminución de la respuesta impulsiva.

En ocasiones el estallido comportamental se produce cuando desenterramos algo del pasado. Algo del presente nos ha hecho recordar episodios pasados ligados a algún estado emocional. Cuando algo abre «la caja de los truenos», respondemos en el presente como lo hicimos en su momento, o como nos hubiera gustado hacerlo e imaginamos antes cientos y cientos de veces. Por eso, a veces, tenemos una respuesta emocional desproporcionada ante una situación aparentemente poco importante, porque realmente va ligada a otra del pasado que la del presente nos evoca.

¿Qué podría hacer Laura? ¿Cómo resolver esa situación con los mínimos daños posibles sin que pague un precio enorme por ello?

Una de las primeras cosas que podría hacer, como hemos visto ya en capítulos anteriores, es identificar la emoción que está sintiendo y etiquetarla. Al poner nombre a lo que nos ocurre, ya estamos comenzando a regular nuestras emociones, puesto que activamos la corteza prefrontal del cerebro y nivelamos la balanza entre lo racional y lo emocional.

En las siguientes páginas identificaremos muchas maneras de conseguir flexibilizar la respuesta a los acontecimientos que estamos viviendo y, herramientas que nos van a ayudar a generar una pausa para poder escoger conscientemente nuestra manera de responder y actuar. **Es imposible evitar que aparezcan emociones o sentimientos no saludables para nosotros, pero sí podemos detectarlos, descubrir su procedencia y luego dejarlos ir para decidir cómo queremos actuar y sentir en esa situación.** Si lo que pensamos y sentimos en un momento dado no nos aporta nada bueno, podemos aceptarlo y dejarlo pasar para volver a poner nuestra atención en lo que estábamos viviendo como si fuera un instante nuevo, en el que de nuevo podemos decidir cómo sentirnos y cómo actuar.

¿Cómo regular y mitigar el impacto de determinadas emociones?

A continuación, repasaremos algunas de las técnicas que podemos utilizar para regular y minimizar el impacto que algunas emociones producen en nuestra conducta.

Aunque cualquier emoción (positiva o negativa) puede

presentarse con una intensidad tal que nos impida actuar de manera consciente, nos centraremos en aquellas que pueden tener un impacto altamente nocivo en la persona, o en su actividad profesional. Emociones como el miedo, la ira, la tristeza o el asco pueden penalizarnos mucho en nuestro día a día si no somos capaces de regular su impacto, haciendo que nos comportemos de una manera inapropiada, de la que nos arrepintamos después.

Todas las técnicas que presentamos tienen, como objetivo fundamental, frenar la conducta impulsiva y automática que la emoción nos provoca y ayudarnos a ganar tiempo para poder pensar y decidir qué es lo más conveniente. El factor temporal resulta muy importante, ya que no es lo mismo disponer de unos cuantos minutos para poder preparar una respuesta que tener apenas unos segundos. Comenzaremos analizando algunas herramientas de las que podemos echar mano cuando tenemos muy poco tiempo para reaccionar.

La sabiduría de mi abuela

De entre los múltiples consejos que mi abuela me ha dado, quizás uno de los más acertados haya sido el de contar hasta diez antes de contestar cuando me sienta ofendido o atacado en una conversación.

Siempre me he preguntado por qué diez segundos y no cinco, o veinticinco. Ahora ya lo sé y la respuesta se encuentra, una vez más, en el funcionamiento de nuestro propio cerebro. Ya sabemos que, desde el punto de vista emocional, hay dos partes muy implicadas en nuestra estructura cerebral: la amígdala (la zona donde se activan múltiples respuestas automáticas cuando sentimos una emoción muy intensa) y la zona prefrontal (la zona donde manejamos muchas de nuestras habilidades cognitivas y que se ve en algunas ocasiones «secuestrada» o retenida por la actuación de la amígdala).

Determinados estudios científicos han demostrado que el tiempo que los diferentes impulsos nerviosos tardan en transportar la información de una estructura a otra (a través de la autopista nerviosa que las conecta) suele ser de alrededor de seis segundos. Al contar hasta diez antes de actuar, cuando sentimos que algo no marcha bien, estamos dando tiempo de sobra para que la información llegue desde nuestro cerebro emocional (y profundo) a nuestro cerebro racional y así poder reflexionar sobre aquellas acciones que deberíamos realizar, y calibrar las posibles opciones y sus consecuencias.

Técnicamente es como si cualquier respuesta que se diera en los primeros segundos estuviera privada de raciocinio y supusiera una acción puramente compulsiva que no considera otras posibilidades.

Hacernos una pregunta

Otra manera de activar nuestra parte racional cuando se encuentra adormilada y retenida por la amígdala es formularnos una pregunta.

Imagina que estás manteniendo una conversación con un posible cliente y que éste se está mostrando muy agresivo y maleducado desde el principio de la reunión. No para de realizar juicios negativos infundados sobre tu compañía e incluso comienza a criticar la labor de tus agentes comerciales. Lo que comenzó con una ligera molestia, se ha transformado en enfado. Notas que, como siga así, terminarás reaccionando de malas formas (algo que quizás te hará sentir muy mal pasado un rato), así que decides apartar tu atención de lo que está diciendo tu interlocutor y hacerte alguna de estas preguntas:

- ¿Cómo me quiero sentir en esta situación?
- ¿Cómo me gustaría reaccionar?
- ¿Qué quiero conseguir?
- ¿Qué opciones tengo?
- ¿Qué puede tener de bueno esto que me está ocurriendo?

Puedes utilizar cualquier pregunta que te haga reflexionar sobre la forma adecuada en la que te gustaría responder, no necesariamente tienes que ceñirte a éstas que te proponemos.

Lo importante será escoger una, la que más te guste, la que te parezca más esclarecedora, la que te resulte más sencilla de memorizar y acostumbrarte a hacértela siempre que notes que tu estado emocional se está alterando. Si utilizas siempre la misma pregunta, poco a poco comenzarás a adquirir el hábito de realizarla y cada vez te costará menos que surja en el momento oportuno.

Tiempo muerto

¿Cuántas veces nos hubiera gustado poder congelar el tiempo y ganar unos segundos para poder pensar con claridad? ¿Cuánto valor nos hubieran aportado esos segundos para poder escoger nuestro siguiente paso y para pensar cuál podría ser su posible desenlace?

Sabemos que esto es totalmente imposible en una conversación, pero existen algunas maneras para ganar ese tiempo extra que necesitamos para analizar mejor la situación y poder decidir cómo actuar. A esto le llamamos «pedir tiempo muerto» y consiste en detener durante un momento la conversación y buscar un espacio para reflexionar.

«Alberto se estaba sintiendo totalmente intimidado por su interlocutor. Era su primera visita a ese cliente y la manera de comunicar de éste, excesivamente fría y ruda, le estaba importunando hasta el punto de que comenzaban a aparecer en su cabeza determinados pensamientos que no le iban a ayudar a establecer un vínculo adecuado con él, ideas del tipo: «Pero, ¿qué se ha creído este tipo?», «qué prepotente es», «como trate así a sus empleados, menuda empresa para trabajar es ésta».

«En ese momento, esperó a que su interlocutor tomara aire para minimizar el impacto de su interrupción, y le preguntó:

–Disculpe que le interrumpa, ¿sería posible que usara su cuarto de baño un momento? Es que llevo varias visitas seguidas...

«Una vez le indicaron la puerta del aseo, Alberto entró en él y, en vez de utilizar el inodoro, bajó la tapa y se sentó un momento para analizar la situación y decidir cómo abordarla en cuanto volviera al despacho. Venía utilizando esta técnica desde hacía unos meses en la reuniones de departamento cuando el ambiente se ponía muy tenso y temía decir algo de lo que pudiera arrepentirse más adelante. En ese momento pedía tiempo muerto y, excusándose, se dirigía al cuarto de baño, a la máquina de café o a por un vaso de agua. Ese gesto le permitía tomarse unos segundos para activar su parte más racional y controlar la impulsividad que sentía en el momento».

La otra cara de la moneda

No se pueden sentir dos emociones contradictorias a la vez, es decir, uno no puede estar triste y reírse al mismo tiempo. Como una emoción se ve minimizada por su opuesta, cuando estemos sintiendo alguna emoción desagradable o dolorosa, podemos transformarla con la emoción opuesta.

Las acciones que realicemos tendrán que ser siempre positivas y deberán partir de una verdadera y profunda aceptación de la emoción que hemos sentido. Es decir, no pretendamos pensar: «No, no estoy enfadado, así que, como no me ha molestado lo que me acaba de decir, voy a sonreír y a contestarle agradablemente». Si hiciéramos eso estaríamos ocultando una emoción genuina, que ha aparecido por algún motivo y, además de perdernos una información relevante, estaríamos incrementando nuestras posibilidades de responder de una manera todavía mucho más impulsiva en un futuro.

Quizás el diálogo interno más correcto sería: «Eso que acaba de decir me ha molestado y me encuentro ciertamente enfadado porque no tiene derecho a juzgarme de esa manera. Así que decido tranquilizarme, respirar hondo y, con unas palabras amables, decirle que no estoy de acuerdo con su manera de ver el problema y que me he sentido mal al escuchar sus palabras».

Algo parecido ocurre cuando nos encontramos en un estado de ánimo tristón y ponen en la radio nuestra canción favorita. Por unos instantes nuestro estado de ánimo cambia, tarareamos la canción y nos acordamos de situaciones positivas vinculadas a esa melodía. O, cuando llegamos a casa y vemos en la televisión nuestro programa de humor favorito, entonces nuestro estado de ánimo se altera en cierta medida y somos capaces de minimizar el impacto del estado negativo anterior.

Recuerda que no pretendemos olvidarnos del problema o del motivo que nos ha entristecido, pero llega un punto en que la tristeza que durante un tiempo nos ha podido ayudar, ya no nos aporta nada y entonces es necesario sobreponernos a ella y seguir adelante.

Respirar

Otra estrategia que podemos utilizar para recuperar el control en momentos de gran agitación es respirar lenta y profundamente, de una manera consciente, para conseguir estimular el nervio vago, lo que inducirá un efecto tranquilizador al reducir el ritmo cardíaco y la presión arterial.

Respirar como técnica de control, como vimos hace unas páginas, supone ser plenamente conscientes de cada una de las fases del proceso: cómo tomamos aire, cómo lo aguantamos un par de segundos, cómo lo soltamos, cómo aguantamos otro par de segundos antes de soltarlo.

Ya sabemos que la eficacia de esta técnica se verá multiplicada si, a renglón seguido, nos formulamos una de las preguntas que nos ayuden a activar nuestra parte racional para decidir cómo queremos comportarnos y reaccionar. Ambas técnicas serán mucho más efectivas si las combinamos.

Un proceso completo

Si tenemos tiempo, usemos el proceso completo.

Para poder enfrentarnos con ciertas garantías a aquellas situaciones que nos provocan una respuesta excesiva, existe un proceso de cinco pasos que puede ayudarnos muchísimo y que resume, en gran medida, muchos de los aspectos explicados hasta el momento en este libro.

«Imagina que acabas de llegar al parking de tu siguiente visita y todavía te quedan diez minutos para que te reciban. La mañana está siendo muy complicada, no has realizado ningún pedido y, además, un cliente te acaba de decir que posiblemente se va a ver obligado a cerrar su negocio dejándote a deber una importante cantidad de dinero. Una sensación de injusticia se apodera de ti desencadenan-

do una cascada de pensamientos negativos. Piensas en lo que eso va a estropear tu cifra de negocio este ejercicio, en las reprimendas que vas a recibir de tu jefe, en las posibles consecuencias de esos malos resultados y comienzas a sentirte bastante agobiado. Como consideras que no es el mejor estado de ánimo para realizar la siguiente visita, decides usar un simple proceso que te ayudará a controlar toda esa cascada de pensamientos negativos.

«Lo primero que haces es apoyar la espalda completamente en el respaldo del asiento y, simplemente, paras. Te detienes sin más y decides permanecer un momento sin reaccionar a ningún estímulo». Éste es el paso más importe de todo el proceso porque, sin él, nada de lo que ocurra después tendrá sentido. **Simplemente nos paramos, para lo cual nos puede ayudar mucho utilizar alguna palabra tipo «STOP» repetida mental pero enérgicamente**.

Lo siguiente que hacemos es fijarnos conscientemente en nuestra respiración. Colocamos nuestra atención en cómo inspiramos y tomamos aire, en cómo se llenan nuestros pulmones, en cómo lo soltamos, y en la sensación que nos queda cada vez que realizamos una respiración completa. **Al comenzar a fijar nuestra atención consciente en ese proceso, tanto nuestro cuerpo como nuestra mente comienzan a calmarse**.

El siguiente paso consiste en tratar de percibir más concretamente los diferentes signos que la emoción provoca en nuestro organismo. ¿Qué sensaciones tenemos en la cara, el estómago, los brazos? Lo que pretendemos es etiquetar adecuadamente la emoción pero sin unirla a nosotros, es decir, una vez detectada, la expresión correcta sería: «Estoy sintiendo tristeza» o «estoy sintiendo indignación» en vez de lo que habitualmente nos decimos: «Estoy triste» ó «estoy indignado». **Es importante tener claro que nosotros no somos la emoción que estamos sintiendo en un**

momento determinado y que somos capaces de separarnos de ella. Una cosa es que nosotros estemos sintiendo miedo en un momento concreto y otra muy distinta es que seamos personas miedosas. Si nos asociamos a una determinada emoción, nuestro cerebro intentará replicarla en un futuro confundiéndonos al hacernos sentir en algún otro momento una emoción similar.

Una vez identificada la emoción, reflexionaremos sobre su origen sin realizar ningún juicio de valor. ¿De dónde proviene? ¿Cuál es la razón de que me sienta así? ¿He añadido algo de información de mi propia cosecha a la situación? Es importante que incorporemos esta información a la toma de perspectiva que estamos realizando de la situación.

Para finalizar, decidiremos cuál es la respuesta que queremos para provocar un desenlace positivo para nosotros y para nuestros intereses.

Siguiendo estos pasos, seguro que comienzas a sentirte de una manera diferente. Con este proceso conseguiremos salir de ese bucle en el que se había convertido nuestra jornada y tener la oportunidad de «resetearnos» mentalmente y de decidir cómo queremos sentirnos a partir de ese momento.

Figura 14. Un proceso de cinco pasos para resetearnos mentalmente

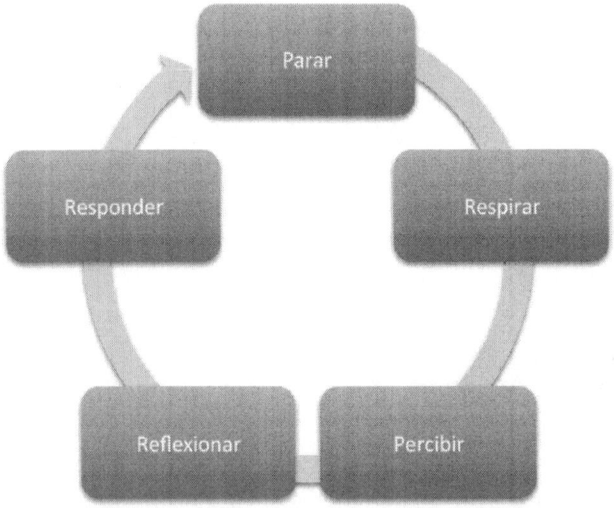

«Racionalizar» el estado emocional en el que nos encontramos nos aporta dos ventajas fundamentales:

- **Regular el impacto de nuestras emociones y controlar las conductas impulsivas no alineadas con nuestros objetivos a medio y largo plazo,**
- **Desprendernos del antiguo estado emocional y generar uno nuevo más acorde con la situación que estemos viviendo.**

Para poder generar un nuevo estado emocional es absolutamente necesario que hayamos aceptado y legitimado el antiguo. Ése es el último paso para «dejar marchar» las emociones que no nos convienen y dar paso a otras más adecuadas y beneficiosas. Pero, ¿por qué deberíamos querer generarnos un estado emocional diferente al que quizás estamos soportando durante todo el día?

«Durante una visita discutimos sobre el precio y los servicios adheridos a un producto. Nos encontramos bastante contentos y a gusto con esa visita, con la presentación y con el producto. Todo parecía funcionar divinamente excepto una cosa: nuestro cliente no tenía un día demasiado positivo y no nos habíamos dado cuenta. Al principio parecía bastante falto de energía y algo tristón pero luego observamos cómo nos ponía todo tipo de objeciones a cada nuevo argumento que ofrecíamos. ¿Qué estaba ocurriendo? Tenía el estado de ánimo adecuado, estaba presentando bien el producto y, sin embargo, las cosas no estaban saliendo. ¿Cómo era posible?»

Al encontrarse vendedor y cliente en diferentes planos emocionales, es mucho más difícil que los mensajes lleguen a calar en la otra parte; es como si no se encontraran en la misma longitud de onda. El vendedor, con su estado emocional positivo y optimista, tiene la cabeza puesta en el largo plazo, ofreciendo una visión general del producto. Sin embargo, el cliente, con su estado de ánimo poco positivo, no para de fijarse en los detalles del producto, del precio, de los plazos de entrega... Desde ese estado de ánimo sólo aceptará algo que encaje exactamente con lo que espera y cualquier desviación será percibida como un fastidio o como una amenaza.

Al revés ocurre exactamente lo mismo. Cuando llevas toda una semana sin cerrar un pedido, cuando tu ilusión se está viendo debilitada y te dispones a realizar una visita a un posible cliente que se encuentra en un estado emocional neutro o positivo, ¿cómo crees que transmitirás los argumentos por los cuales deberíais trabajar juntos? ¿Recibirá tu cliente adecuadamente tu mensaje o quizás no le transmitirás demasiada pasión con tus palabras? ¿Acaso centrarás toda tu atención en cerrar ese pedido mientras tu cliente valora si vuestra colaboración es sostenible a medio y largo plazo?

Aunque en la mayoría de las ocasiones para conocer a un nuevo cliente, para visitar a otro activo, para presentar un producto o servicio, etc. tendremos que generarnos estados de ánimo positivos (que nos llenen de energía y optimismo), pueden existir otras en las que nos interese generarnos cierto estado de indignación o de enfado, como, por ejemplo, cuando vayamos a reclamar un pago o cuando la otra parte haya incumplido el contrato. Estos casos serán bastante excepcionales, pero aún así debemos tenerlos presentes. En otros, simplemente, contendremos nuestra alegría o buen humor para intentar sintonizar un poco mejor con nuestro interlocutor si su estado de ánimo no coincide con el nuestro.

Preparar la mente para generarnos determinados estados de ánimo

Si al levantarnos por la mañana observamos nuestra mente y nos damos cuenta de que estamos teniendo pensamientos que no nos van a ayudar durante el día («ir a trabajar es un fastidio», «todavía es martes», «a ver cuántos problemas me toca resolver hoy»), en ese mismo momento, debemos aceptar el pensamiento que estamos teniendo (sin pensar si es bueno o malo), sin juzgarlo, sin darle demasiadas vueltas, para, a continuación, dejarlos marchar porque no nos va a ayudar en nada. **Conviene recordar nuestra libertad última individual que nos permite separarnos, si queremos, de cualquier cosa que nos haga sentir mal.** Por ejemplo, nadie nos obliga a ir al trabajo esa mañana, podríamos decidir no hacerlo. Sin embargo, decidimos conscientemente hacerlo por un sinfín de motivos. No es lo mismo pensar en ir al trabajo porque no tenemos más remedio que ir voluntariamente porque es el medio que hemos escogido para ganarnos la vida.

Hay que saltar con energía de la cama y centrarnos en vivir lo que sucede en cada momento, poniendo el foco de atención en las cosas positivas que nos pueden ocurrir. Nuestra mente atrae aquello en lo que pensamos. Del mismo modo que vemos a nuestro alrededor muchos bebés cuando acabamos de ser padres, o muchos brazos escayolados cuando alguien de nuestra familia también lo está o no paramos de ver por la calle el coche que hemos decidido comprarnos. Todo eso siempre ha estado allí, sólo que ahora nuestra mente sabe que es importante para nosotros y coloca nuestra atención sobre ello. Por eso, si arrancamos la jornada con una actitud positiva y con la ferviente creencia de que nos van a pasar muchas cosas positivas, nuestra mente nos las mostrará.

Para poder interferir y actuar sobre nuestro estado mental tenemos que aprender a diferenciar entre dos aspectos, ya que, según el área sobre la que queramos influir, la herramienta será una u otra:

- ¿Cuál es el estado de nuestra mente? Es decir, ¿cómo se encuentra en ese mismo momento? ¿Nos encontramos calmados, agitados con multitud de pensamientos, etc.?
- ¿Cuál es el contenido de nuestra mente? Es decir, ¿qué es lo que le ocupa en ese mismo momento? ¿Son sensaciones, pensamientos, sentimientos...?

Por ejemplo, si notamos que nuestra mente se encuentra excesivamente agitada porque una cascada de ideas se agolpa en ella impidiéndonos focalizarnos en nada, o porque algo nos ha sentado tan mal que no podemos «quitárnoslo de la cabeza», una posible solución pasa por la relajación y por retomar el control y la quietud de nuestra mente, para poder aceptar lo que pensamos y dejarlo pasar.

Sin embargo, si nuestra mente se encuentra calmada pero notamos que determinadas sensaciones nos están haciendo sentir mal, o ciertos pensamientos nos están haciendo perder la esperanza sobre ciertas cosas, la solución pasa por poner el foco de atención en otros aspectos e invitar a la mente a que revise otro aspecto de la realidad más productivo y beneficioso para nosotros. «Soy afortunado por tener un trabajo con el que ganarme honradamente la vida», «no tengo muchos clientes pero, al menos, los que tengo, me aprecian mucho y yo a ellos», «aunque ahora las cosas no vayan bien, tengo la capacidad necesaria para revertir las cosas como he hecho otras veces».

¿Cómo hacerlo?

Como en otras ocasiones, buscaremos provocarnos estados de ánimo que nos añadan energía, optimismo e ilusión (lo que podríamos considerar estados de ánimo positivos). Nos centraremos en ellos a la hora de proponer ciertas técnicas o estímulos para conseguirlo.

- **Visión interior positiva.** Esta técnica consiste en identificar los aspectos positivos de una situación que nos está haciendo sentir mal. Por ejemplo, cuando llevamos tres visitas sin conseguir ni un solo pedido, nos podríamos preguntar: ¿Qué puede haber de positivo en esta situación? Es cierto que la primera respuesta que nos vendrá a la mente será «nada». Pero si mantenemos nuestra atención en encontrar algo positivo, por pequeño que sea, poco a poco irá aflorando. «Quizás sea que, como cada vendedor tiene sus propios ratios de venta, (por ejemplo, vender en una de cada seis visitas que realizamos), probabilísticamente hablando, nos encontramos más cerca del siguiente pedido». Muy bien, ¿qué otra cosa puede tener esta situación de positivo? «Puede ser un buen foco de aprendizaje para detectar posibles errores y corregirlos en las siguientes visitas». Fenomenal, ¿qué más puedo encontrar de positivo en esta situación? Y así continuaremos hasta que encontremos al menos tres ó cuatro aspectos positivos. Si te das cuenta, en ningún momento faltamos a la verdad, dejamos de ser objetivos o nos inventamos cosas donde no las hay. No es eso. Simplemente buscamos esa otra cara de la realidad que, en ese momento, nuestra mente no nos muestra. Conforme vayamos encontrando beneficios en la situación, nuestro ánimo irá evolucionando hacia un estado mucho más positivo y cada vez nos encontraremos mejor.

- **Utilizar el poder de la imaginación.** Muchos estudios científicos han demostrado que nuestra mente no distingue entre realidad y ficción, es decir, sólo con pensar en una cosa, nuestro cerebro puede comenzar a sentirse como si la estuviera viviendo de verdad. Los días previos a una reunión en la que sabíamos que íbamos a recibir una fuerte reprimenda, ya podíamos sentir angustia. Y cuántas veces, llegado el momento, hemos asistido a la reunión y no se ha producido la temida reprimenda. Pues bien, se trata de utilizar ese poder de nuestra mente y utilizar ciertas imágenes o situaciones con las que nos sintamos bien para que las cosas terminen saliendo como queremos. Esta estrategia se viene utilizando durante muchos años en el mundo del deporte y se llama «visualización». El deportista se imagina con todo lujo de detalles cómo será su ejecución en un contexto determinado. El resultado final dependerá de varios factores, pero si visualizamos situaciones propicias, estaremos generándonos un estado mental y emocional más adecuado para afrontar cualquier situación con las máximas garantías.

- **Utilizar determinados «mantras».** Consiste en utilizar o repetir cierto tipo de afirmaciones que tengan un significado especial para nosotros. Estas frases sirven para recordarnos que nos queremos sentir bien, que somos afortunados por las cosas que poseemos, que podemos dominar y controlar gran parte de lo que nos ocurre, etc. Aunque su efecto es mucho más leve que el de otras técnicas, el uso de afirmaciones de este tipo nos puede servir como «disparador» de determinados estados emocionales. Además, al repetirlas, comenzaremos a afianzarlas en nuestro sistema de creencias. Por eso es importante que los «mantras» sean realistas y nos aporten poder para afrontar determinadas situaciones.

- **Nuestra memoria esconde muchos tesoros.** Por eso nos puede ayudar mucho recordar determinadas emociones experimentadas en el pasado. ¿Cuándo fue la última vez que te sentiste pletórico de alegría? ¿Dónde estabas? ¿Con quién? ¿Qué fue lo que te hizo sentir así? ¿Cómo te sentías? Recordar una situación pasada positiva permite evocar detalles vinculados a cierto estado emocional y que nuestro cerebro comience a percibirlos de nuevo. Por ejemplo, ¿qué nos ocurre cuando recordamos la última vez que tuvimos un ataque de risa? Seguramente nuestro rostro se relaje, nuestra mirada se pierda en el vacío y comencemos a esbozar una ligera sonrisa, mientras comenzamos a sentirnos bastante bien durante un momento. Recuerda que nuestra mente no distingue entre realidad o ficción y, acordarnos de una situación donde nos sentimos muy bien, puede hacer que comencemos a sentirnos de la misma manera.

- **El uso de «anclajes».** Otra técnica que suele dar muy buenos resultados consiste en vincular determinados recuerdos emotivos del pasado a un estímulo concreto del presente. Todos realizamos «anclajes» de manera inconsciente: personas que nos hacen sentir bien, una canción que nos hace sentirnos tristes o alegres, etc. Lo que pretendemos es utilizar conscientemente este sistema para recrear determinadas emociones. ¿Qué ocurriría si cada mañana nos levantásemos de la cama con nuestra canción favorita? ¿O si escuchásemos esa canción que nos carga de energía antes de una visita?

- **Convertirnos en buenos actores.** Esta estrategia se centra en aprender a recrear emociones escogidas en una situación, simplemente comportándonos como lo haría una persona que se estuviera sintiendo de esa manera. Es decir, si queremos sentirnos alegres, lo primero que tendremos que pensar es en cómo se comportaría una persona que se sintiera así y luego ir recreando esa conducta. A todos nos estresa querer cambiar algún aspecto nuestro. Quizás vemos una montaña demasiado grande en el hecho de cambiar algo nuestro para siempre y esa presión nos hace dudar de si seremos capaces o de si merecerá la pena tanto esfuerzo. ¿Qué te resultaría más sencillo, cambiar definitivamente para convertirte en una persona segura de sí misma o comportarte mañana como una persona con una gran autoconfianza? Es como si separáramos por un lado el «ser» (ser alegre, ser optimista, ser un ganador) con el «comportarme cómo». Si nos acostumbramos a comportarnos de una determinada manera, y somos lo suficientemente constantes en el intento, terminaremos convirtiéndonos en el personaje que estamos interpretando. ¿Podrías comportarte mañana mismo como una persona que aprecia a los demás, como alguien tremendamente generoso, como una persona de éxito o como alguien optimista al que las cosas suelen salir bastante bien?

Capítulo 5. El radar emocional

«Si las ventanas de la percepción estuviesen abiertas contemplaríamos el mundo tal y como es, infinito».

Un señor se acercó a Picasso mientras paseaba tranquilamente por la calle y le dijo, en un tono poco amigable, que no entendía por qué no pintaba las cosas tal y como son en la realidad. Picasso se quedó perplejo ante tal observación, pues no entendía lo que aquel hombre le estaba queriendo decir. El señor sacó de su bolsillo la fotografía de su mujer y, dirigiéndose a Picasso, le dijo: «Mire, así es mi mujer en la realidad». A lo que Picasso le contestó: «Pues es un poco pequeña y totalmente plana».

La realidad no es la que es, sino la que queremos ver, y tendrá para nosotros un sentido u otro según los ojos desde los quc la observemos. Fíjate en esta otra historia:

«Dos vendedores de calzado viajan a un país africano para abrir mercado. A los pocos días, uno de ellos decide regresar ya que considera que permanecer allí será una pérdida de tiempo pues nadie lleva zapatos, por lo que entiende que no los necesitan. Su compañero, sin embargo, decide quedarse y comenzar a investigar, prospectar el mercado e iniciar contactos, pues considera que hay muchísimas posibilidades de vender zapatos allí, ya que nadie los lleva».

Nuestra vida está repleta de situaciones similares de las que, a partir de lo que vemos, oímos y sentimos, sacamos conclusiones que nos llevan a actuar y a comportarnos de una forma determinada y, en consecuencia, a influir en los resultados que obtenemos. Nuestros sentidos actúan como filtros que dejan pasar los estímulos del mundo exterior, procesan dicha información y la interpretan generando conclusiones. Esos filtros mentales están formados por nuestros recuerdos, experiencias pasadas, creencias y aprendizajes, valores, cultura, educación, en definitiva y coloquialmente hablando, conforman nuestra «mochila». Nuestras creencias, ya sabemos que actúan como guías de nuestra vida. Si creemos que algo es posible y podemos conseguirlo, pondremos todo nuestro esfuerzo en ello. Si creemos que no llegaremos, ni siquiera nos molestaremos en intentarlo. La mejor expresión de esta idea sería el dicho que utilizaba Henry Ford: «Tanto si crees que puedes, como si no, estás en lo cierto».

«Imagina que estamos sentados en una zona de espera antes de entrevistarnos con nuestro cliente y observamos movimiento y trasiego de una oficina a otra, personas que salen y entran con papeles en las manos, gestos de preocupación y nerviosismo. Interpretamos entonces que algo está sucediendo, algo no precisamente positivo. Se acerca nuestro cliente a recibirnos y observamos su forma de andar: lenta, pausada, cabizbaja, con las manos metidas en los bolsillos. Dicha observación refuerza nuestra creencia inicial de que parece que hemos llegado en mal momento.

Hasta ese momento, una serie de acontecimientos han cobrado un sentido para nosotros y les hemos otorgado una determinada interpretación. Cuando, de forma cautelosa, tratamos de averiguar qué está pasando, podemos llevarnos una sorpresa, pues nuestro cliente nos responde con una sonrisa burlona: «¿Bien? ¡Mejor que bien!». Pues lejos de ser un mal día, es un día de celebración, dado que viene a visitar la planta el Director Nacional y la gente anda un poco nerviosa y ajetreada. Eso para ellos es el reconocimiento a los buenos resultados obtenidos, y supone que se convertirán en planta modelo para el resto de localizaciones».

Algunas personas son «difíciles de leer», es decir, son emocionalmente inexpresivas o, las señales que envían, son difícilmente detectables. En el caso anterior, la corporalidad del cliente parecía mostrar todo lo contrario a una emoción positiva. La interpretación que le hemos dado se correlaciona con lo que previamente tenemos asociado con ese tipo de comportamientos, es decir, lo que la experiencia nos dice.

En todas las áreas de nuestra vida, pero especialmente en el área comercial, desarrollar un radar que nos permita identificar qué les sucede a nuestros clientes, qué están sintiendo, un radar que nos descifre formas sutiles de comunicación, tales como su expresión facial, su tono de voz, y otros canales de lenguaje no verbal, es la puerta de entrada para el entrenamiento de la inteligencia interpersonal que nos permitirá llegar a establecer contacto con sus emociones y, por lo tanto, a decidir la mejor actitud a tomar. ¿Nos ayudaría diferenciar a una persona que está enfadada de otra que se siente tranquila? ¿Actuaríamos de igual forma en cada caso? Si no somos conscientes de las emociones que sienten nuestros clientes, ¿cómo esperamos tomar las decisiones correctas o tener las actitudes adecuadas? **La capacidad de captar señales e interpretar adecuadamente las emocionales es fundamental en entornos en los que las personas tienen motivos suficientes para ocultar sus verdaderos sentimientos, como en el mundo comercial.**

Como dijo Freud: «Los seres humanos no pueden mantener un secreto porque, aun en el caso de que sus labios permanezcan sellados, hablan con la punta de los dedos y la traición se asoma a través de cada uno de sus poros».

Las personas «emocionalmente sordas», es decir, las personas que no son receptivas a las señales emocionales de sus interlocutores, también son socialmente desacertadas, pues normalmente se equivocan al interpretar los sentimientos de los demás.

Imagina que sales de una reunión con la firme convicción de que el cliente va a realizar un pedido pues, para ti, todo ha ido muy bien. Sin embargo, tu compañero no siente lo mismo, pues ha observado señales que le dicen más bien todo lo contrario como, por ejemplo, señales que indicaban impaciencia, (el cliente miraba el reloj constantemente, prestaba atención a su móvil, desviaba la mirada y la llevaba a sus papeles, apretaba las manos, su respiración era intensa, y su sonrisa fingida).

Por lo general, la falta de recepción emocional se produce porque se presta atención a señales falsas, y se juzga a los demás por su apariencia. Hay que ir más a allá de la expresión superficial de las emociones y observar si la sonrisa del otro puede ser una sonrisa fingida, pues los ojos no se arrugan como debieran (no hay «patas de gallo») o su lenguaje corporal no se corresponde con la emoción que intenta trasladarnos.

La «profecía autocumplida» se suele producir por ausencia de receptividad emocional. Anticipamos un resultado a partir de determinados comportamientos o hechos que damos por válidos. Por ejemplo, si pensamos que «hoy mi cliente no tiene un buen día», casi que, con total seguridad, esa visita terminará sin pedido o sin próxima cita, pues nuestra actitud estará condicionada por el pensamiento inicial, y llevaremos a cabo acciones orientadas a terminar lo antes posible, pues creeremos que estamos molestando, y pensaremos que el cliente se sentirá mejor si volvemos otro día.

Otro ejemplo bastante común ocurre cuando nos dejamos llevar por las primeras impresiones respecto a la actitud de un cliente cuando entra o se mueve por un establecimiento comercial. Dependiendo de la interpretación que haga el vendedor, podrá inferir que ese cliente «tiene intención de comprar», o que «sólo va a mirar, no quiere comprar nada».

Si el vendedor se deja llevar por la segunda interpretación, lo más probable es que ni se acerque al cliente, para no perder el tiempo pues «ya sabe» que no hay nada que hacer. Si, por el contrario, considera que tiene intención de compra, seguramente su actitud con el cliente será diferente. Se acercará con actitud de servicio, su mejor sonrisa, un gesto de cordialidad, le formulará buenas preguntas de apertura e indagación y mostrará especial interés por identificar qué necesita y cómo puede satisfacer su deseo. Lo mejor de todo es que el resultado obtenido, independientemente de cuál sea, confirma nuestra apreciación inicial, con lo que en la mayoría de los casos creeremos estar en lo cierto y justificaremos, por lo tanto, nuestra actuación. **Pero son nuestras percepciones iniciales las que condicionan nuestra conducta y, en consecuencia, influyen en los resultados que obtenemos.**

Aprender a reconocer qué está sintiendo nuestro interlocutor, si está alegre, enfadado o triste, y descifrar cuál es su emoción, constituye el paso previo a una adaptación máxima a su estado emocional y a conseguir generar un contexto de conexión que favorezca la relación comercial.

En el ámbito comercial trabajamos con personas y, como tal, la capacidad de mantener buenas relaciones es determinante para alcanzar los objetivos que nos propongamos. ¿Sería un buen momento para negociar la renovación de un contrato cuando nuestro cliente esté enfadado, molesto o nervioso por un pedido que no ha llegado a tiempo? ¿Nos aportaría información útil saber cuándo tenemos que dar por concluida una reunión o negociación? ¿Sería importante para nosotros ser conscientes de que es mejor mantenernos al margen y no emitir ninguna opinión, cuando hemos percibido tensión o conflicto? ¿Cuánto agradeceríamos saber si es el momento de cambiar de tema? Todas las actuaciones que decidimos llevar a cabo pueden suponer el éxito o el fracaso de nuestras acciones y van precedidas de una correcta identificación de las emociones del otro.

El radar emocional

Tomar conciencia de nuestro estado emocional actual, (que, como vimos en el Capítulo 1, se corresponde con el entrenamiento de la *inteligencia intrapersonal),* es el paso previo para desarrollar nuestro *radar emocional,* el cual nos va a permitir captar las señales emocionales de nuestro cliente para identificar cómo se siente. Las investigaciones del doctor Daniel Siegel, médico y profesor clínico de psiquiatría en la escuela de medicina de la universidad de California, y director del Mindful Awareness Research Center, afirman que los circuitos cerebrales que utilizamos para autorregularnos y autoconocernos son los mismos que activamos para relacionarnos con los demás y conocer a otras personas. Es decir, **cuanto mayor es nuestra conciencia personal, cuanto más nos conocemos y podemos percibir nuestro propio estado emocional, más cerca estamos de la realidad interior de otras personas, más fácil será el contacto con su estado emocional, y más amplia será también nuestra conciencia social.**

Daniel Goleman define el *cerebro social* como nuestra capacidad de adaptarnos a la mente de otra persona e interactuar con ella. ¿Qué haces cuando alguien te sonríe? ¿Qué actitud tomas cuando percibes tristeza en otro? ¿Por qué nos emocionamos cuando vemos una escena de amor en una película? ¿A qué se debe que sintamos vértigo cuando alguien salta desde un rascacielos en el cine? En este sentido, un descubrimiento clave y un gran avance para la investigación de la inteligencia interpersonal ha sido conocer cómo funcionan nuestras *neuronas espejo,* un grupo de neuronas situadas en la parte prefrontal del cerebro, capaces de conectarnos con el cerebro de nuestros interlocutores. Estas neuronas reflejan en nosotros exactamente lo que vemos en los demás, sus emociones, sus movimientos e, incluso, sus intenciones. Son múltiples los estudios que así lo demuestran, pero uno de los más interesantes se llevó a cabo por un grupo de neuropsicólogos de la universidad italiana de Parma. Estudiaban qué parte del cerebro era la responsable del movimiento en el cuerpo de un mono.

Lo que hacían era medir neuronas individualmente, como, por ejemplo, qué neuronas eran las responsables del movimiento de la mano, o qué neuronas se activaban cuando el simio levantaba un brazo. Un día, mientras estudiaban una neurona que se activaba cuando el mono levantaba un brazo, observaron en ella actividad sin que el animal hubiese hecho movimiento alguno. Uno de los ayudantes había salido del laboratorio a buscar un plátano, y se lo comió delante de la jaula en la que estaba el mono. Cada vez que el ayudante levantaba el brazo para comerse el plátano, se activaba la neurona del mono con esa misma función. Este descubrimiento explica la causa del *contagio emocional.*

Las neuronas espejo constituyen la base de la *empatía* y la *conciencia social,* pues nos permiten sintonizar emocionalmente con nuestros interlocutores y eso nos permite influir en el estado emocional de los demás. La esencia de la *empatía* consiste en darnos cuenta de lo que otros sienten aunque ellos no lleguen a expresarlo verbalmente. Supone anticiparnos para tomar la mejor decisión posible. ¿Cómo llegamos a saber que hoy mi compañero de trabajo ha tenido un problema? ¿En qué señales nos basamos para identificar en nuestro cliente agrado, rechazo o incomodidad? La empatía es nuestro radar emocional, la sensibilidad que nos permite mantenernos conectados con otros. Hablamos de empatía desde un amplio marco que abarca desde la capacidad de captar e interpretar las emociones de otros, percibir y responder a sus preocupaciones, hasta llegar a comprender los problemas que se ocultan tras esos sentimientos. En los siguientes capítulos ampliaremos en detalle este marco. Por ahora, vamos a desarrollar nuestro radar emocional a partir de nuestra capacidad para captar las emociones de nuestros clientes.

Activar nuestro radar emocional

¿Qué le ha parecido realmente la propuesta a mi cliente? ¿Cómo reconozco qué es lo que verdaderamente necesita? ¿Cuáles son las señales que me dirán si voy por el buen camino en esta negociación? ¿Hasta dónde tendré que llegar para convencerle? ¿Qué aspecto me dirá que está satisfecho con el resultado obtenido? Éstas son sólo algunas de las múltiples preguntas que a diario nos formulamos en nuestro trabajo comercial. Nos gustaría que los clientes fuesen transparentes y nos fuesen diciendo por dónde deberíamos ir para alcanzar un resultado exitoso, pero no siempre es así. En ocasiones tenemos la sensación de estar frente a una pared opaca y densa que no sabemos cómo traspasar.

Como ya sabemos, estamos constantemente emitiendo señales; nuestros clientes nos proporcionan toda la información que necesitamos para conocer cómo se sienten y, por lo tanto, para poder acceder a ellos. Tan sólo tenemos que aprender a percibir esa información, ponernos en modo receptor, descifrar su código y actuar en consecuencia. Aunque ellos no nos digan explícitamente qué sienten, su tono de voz, su gestualidad, su corporalidad y otros canales de expresión no verbales, ponen de manifiesto qué está sucediendo en su mundo emocional.

La investigación ha demostrado que la mayor parte de

la comunicación humana se efectúa a través del lenguaje corporal. Sin apenas darnos cuenta, emitimos y recibimos mensajes corporales, los interpretamos y actuamos en consecuencia. John Gottman, psicólogo de la universidad de Washington, lleva años investigando la estabilidad marital y las relaciones de pareja. En sus investigaciones Gottman formuló un cuidadoso procedimiento para observar las reacciones corporales de la pareja cuando los dos miembros interactuaban entre ellos. El profesor Gottman solicitaba a los cónyuges que conversasen sobre algún tema en el que estuvieran en desacuerdo mientras permanecían conectados durante aproximadamente tres horas a la Unidad de Vigilancia Intensiva de las Emociones mediante sensores que registraban hasta sus más mínimos cambios fisiológicos (tensión arterial, ritmo cardiaco, pulsaciones). Al mismo tiempo, las cámaras de vídeo grababan los indicadores del lenguaje no verbal, lo que permitía un análisis secuencial de las expresiones faciales, las características de la voz y los gestos.

Su propósito era poder cuantificar lo intangible, es decir, detectar los matices más sutiles y fugaces de las corrientes emocionales subyacentes tales como el disgusto/aprobación, el desprecio/admiración, la tristeza/humor. Los resultados observados constituyen el equivalente a una radiografía emocional del matrimonio, (que puede llegar a predecir si éste se divorciará en el plazo de diez años con sólo presenciar una conversación de no más de quince minutos).

Por lo tanto, percibir la actitud emocional de nuestro cliente es el primer paso para redirigir nuestros esfuerzos, en el caso de que no vayamos por la línea adecuada, o mantenernos en esa posición, si su actitud es favorable.

Activar el radar emocional nos permite prestar mayor atención a nuestras sensaciones, algo clave para ser flexibles, adaptarnos a las necesidades de nuestros clientes y poder dirigir sus estados de ánimo hacia el lugar en el que los dos nos sintamos en un estado óptimo para tomar decisiones y avanzar hacia un acuerdo beneficioso para ambos. Seguro que más de una vez has dicho frases como: «tengo la sensación de que...», o «había algo hoy en su forma de comportarse que me demostraba que algo le sucedía», «mi intuición me dice que...», «esto me huele mal». ¿Con qué frecuencia escuchamos a nuestra intuición? **Quien se deja llevar por su intuición activa una visión especial de las cosas, genera ideas de forma espontánea, reconoce los buenos momentos para aprovechar oportunidades, anticipa lo que puede suceder, lee entre líneas.** Ahora bien, no todo es «arte», la intuición responde a la buena utilización de procesos naturales que es necesario entrenar y trabajar.

Nuestros sentidos hacen la función de ventanas al mundo. A través de ellos nos dejamos impregnar de lo que sucede a nuestro alrededor. Lo que vemos, escuchamos, tocamos, olemos, probamos y sentimos. Nuestros canales están ahí, dispuestos a recoger información y hacérnosla llegar para que sea procesada e interpretada por nuestro cerebro y, así, tomar la acción más apropiada.

Aprender a observar, escuchar, percibir qué sienten nuestros clientes, supone mirar desde su mismo lugar, «ponernos sus gafas». **Ser capaces de reconocer las emociones en los demás provoca acercamiento y genera un vínculo profundo que produce una sensación de bienestar, una agradable sintonía, que nos ayuda a ser más eficaces en nuestras actuaciones.**

La activación de nuestro radar emocional supone:

1. Observar las expresiones faciales de los demás.
2. Escuchar el tono de voz, el ritmo y la entonación.
3. Leer el lenguaje del cuerpo.
4. Utilizar nuestros canales de percepción visual, auditiva y

cenestésica (sensaciones internas).

El reconocimiento de las emociones mediante las expresiones faciales

Paul Ekman, profesor de psicología de la universidad de California y experto mundial en expresión facial y emociones, ha dedicado gran parte de su vida a dar respuesta a preguntas del tipo: ¿Qué gestos revelan si estamos tristes o enfadados? ¿La expresión de las emociones es la misma en todos los seres humanos o cambia en función de la cultura? Ha viajado durante más de cuarenta años por todo el mundo con el fin de investigar los gestos faciales de las emociones. Gran parte de su investigación se ha basado en comprobar científicamente si los gestos y las expresiones difieren con la cultura. Para ello mostró fotografías a personas de cinco países diferentes (Chile, Argentina, Brasil, Japón y Estados Unidos), para que identificasen la emoción de la imagen. Sus interpretaciones coincidieron. Ekman evaluó el comportamiento facial en un laboratorio y descubrió que, en solitario, tanto japoneses como estadounidenses, al ver vídeos con escenas quirúrgicas y accidentes, movían los mismos músculos de la cara. Sin embargo, cuando un científico estaba presente durante el experimento, los japoneses tendían a enmascarar más las emociones de desagrado con una sonrisa. Intrigado por esos resultados, decidió cotejarlos con una cultura aislada de la civilización. Se fue a convivir dos años con el pueblo *foré* en Papúa (Nueva Guinea). Descubrió que los *foré* no poseían un lenguaje escrito con el que identificar una lista de palabras que designasen una emoción. Así que les pidió que contasen historias sobre diferentes estados de ánimo a cambio de una pastilla de jabón o un paquete de cigarrillos. Mientras Ekman grababa y fotografiaba sus rostros, se dio cuenta de que las historias que contaban coincidían con la emoción de sus rostros. A su regreso a Estados Unidos y, al mostrar el material grabado sin editar a sus alumnos, tampoco ellos tuvieron dificultad en interpretar correctamente las emociones de los neoguineanos.

Tras este viaje, Ekman afirmó que las expresiones de alegría, tristeza, ira, sorpresa, asco y miedo son universales, independientemente de la sociedad o la cultura a la que se pertenezca. Todo lo demás, los gestos con las manos, incluso si reprimimos la emoción o la expresamos abiertamente, lo aprendemos de nuestro entorno y varía en función de la persona.

¿Con qué señales faciales mostramos las seis emociones fundamentales? Basta con prestar atención a cómo se mueven la boca, los ojos y la nariz de nuestro interlocutor para saberlo:

1. **Alegría:** Sonrisa en la boca, en la que participa el músculo cigomático (que va del pómulo al labio superior). Las mejillas se elevan y aparece una contracción del músculo orbicular, que rodea al ojo. Se dejan ver las temidas «patas de gallo».
2. **Tristeza:** Los labios se estiran horizontalmente, formando una curva hacia abajo. Párpados superiores caídos y cejas arqueadas. El entrecejo se arruga y la mirada tiende a ir hacia abajo.
3. **Ira:** Labios apretados y tendencia a apretar también los dientes. Mirada fija y nariz ensanchada. Cejas juntas y hacia abajo. Aparece el denominado «ceño fruncido».
4. **Miedo:** Los párpados superiores se elevan al máximo y los inferiores quedan tensos. Las cejas levantadas se acercan y los labios se alargan hacia atrás.
5. **Asco:** Ligera contracción del músculo que frunce la nariz. Los ojos se estrechan. La nariz se arruga mientras se

eleva el labio superior.

6. **Sorpresa:** Puede confundirse con el miedo. Párpados superiores elevados, (aunque los inferiores no están tensos y la mandíbula suele caer hacia abajo). Labios abiertos. Ojos muy abiertos.

Identificar las emociones por el tono de voz, el ritmo y la elocución

Cuando escuchamos hablar a alguien en un tono de voz alto y con un ritmo ágil, probablemente interpretemos que muestra enfado, aunque también podría tratarse de una persona emocionada, entusiasmada o alegre.

Seguramente conocemos a muchas personas que cuando hablan parecen enfadadas y, sin embargo, ése es su estilo personal de comunicarse. Las distintas formas que puede adoptar el tono de voz de una persona contienen gran cantidad de información emocional. Sin embargo, cada persona tiene un estilo vocal propio, que también puede diferir de una cultura a otra, por lo que su significado y la interpretación que hacemos de lo que nos transmite, deben ser ampliados con la información que nos aporta su expresión facial.

Todos hemos conocido personas que, en su forma de expresarse, son monótonas, no existe el énfasis en sus frases, no cambian su tonalidad y su ritmo es constante. Asociamos dichas señales a sentimientos como el aburrimiento o la apatía o incluso al desinterés. Por el contrario, si su velocidad es ágil, enfatizan su tono de voz y captan tu atención, probablemente interpretaremos que existe entusiasmo y alegría en su argumentación. Los tonos de voz secos y elevados los asociamos al enfado o a comportamientos defensivos, mientras que los tonos de voz ascendentes y con un ritmo elevado parecen implicar sorpresa o admiración.

La identificación de emociones a través de la escucha cobra especial importancia en las conversaciones telefónicas con nuestros clientes, pues la única vía de que disponemos para poder conectar emocionalmente con ellos es prestar atención a su tono de voz, al ritmo, a su elocución, a sus silencios y a sus pausas. Hay que dejar que se expresen con su tiempo, no interrumpir, reformular sus observaciones y formular preguntas de acuse de recibo, para cotejar así nuestra primera impresión emocional. «Entonces, ¿me estás queriendo decir que vais a devolver el recibo?» «Si te he entendido bien, tendríamos un problema importante si no conseguimos esa póliza de crédito, ¿es correcto?» «¿Estás seguro de que es así como queréis que trabajemos a partir de ahora?» «Tengo la sensación de que algo te preocupa, ¿estoy en lo cierto?» «Qué bien me suena tu voz, percibo alegría en ella».

Leer el lenguaje del cuerpo

Mediante nuestro lenguaje corporal emitimos mensajes emocionales. Podemos, por lo tanto, interpretar dichos mensajes en la comunicación no verbal de nuestro cliente. Imagina que estás en un restaurante y te fijas en una pareja sentada frente a ti. No puedes escuchar su conversación, pero sí puedes observar su lenguaje corporal. Observas la posición de su cuerpo, sus brazos y sus piernas, los movimientos que hacen con sus manos y con la cabeza, su contacto visual. Casi con total seguridad podrías a decir si se encuentran en un estado emocional positivo o negativo. **Nuestro cuerpo revela cómo nos sentimos y nuestros gestos no son casuales.**

La *sinergología*, fundada por Philippe Turchet en los años 80, ha aportado grandes avances al estudio y análisis de nuestro lenguaje corporal. Es la «disciplina y método de análisis e interpretación de gestos, micromovimientos y actitudes corporales que no son realizados de forma plenamente consciente». Permite relacionar lo que sentimos o pensamos con los gestos y los movimientos que hacemos al hablar, al saludar o, sencillamente, al escuchar.

El contacto visual es, por excelencia, el canal de conexión más potente que podemos abrir con nuestro interlocutor. Cuando el cliente nos mira de frente, de forma abierta, nos sentimos cómodos y tranquilos, percibimos claridad y apertura. Sin embargo, hay miradas que «matan», como las evaluativas, en las que el cliente lleva a cabo un barrido visual de abajo a arriba y de izquierda a derecha. Este tipo de miradas pueden provocarnos incomodidad aunque, a veces, es sólo su forma de decirnos que necesita sentirse seguro. También conocemos a clientes tímidos que prefieren evitar la mirada, y no por ello tenemos que deducir que algo va mal, algunos simplemente se sienten más cómodos no mirando o, bien, necesitan pensar y desvían la mirada a fin de conectar con su discurso interno. Lo que está claro es que **el contacto visual es clave para conectar con nuestros interlocutores. Es la pista de acceso más directa a su estado emocional.**

Si recuerdas alguna situación en la que tu cliente se mostró enfadado, tenso, nervioso o inquieto, y tratas de congelar esa imagen en tu mente, ¿qué lenguaje corporal dirías que mostraba en ese momento? Casi con total seguridad, cambiaba con frecuencia de posición en su silla, movía sus brazos y cruzaba sus manos, se tocaba el pelo y hasta se aflojaba el nudo de la corbata y resoplaba. Si la escena que recuerdas es una situación agradable con tu cliente, ¿cuál es el lenguaje corporal que observas en tu recuerdo? Probablemente, la posición en la silla era tranquila, las piernas estaban relajadas, los brazos y las manos se mostraban cómodos, sin tensión, la cabeza asentía en señal de comprensión, la mirada estaba dirigida a ti mientras te escuchaba.

En el mundo de los negocios, el apretón de manos como saludo es, sin duda, otro canal de conexión a tener en cuenta. La forma de dar la mano revela muchas cosas de nuestros clientes. Estudios recientes han encontrado elevadas correlaciones entre la forma de dar la mano y la personalidad. Un estudio de la universidad de Alabama pone de manifiesto que las personas más extrovertidas, abiertas a nuevas experiencias y perfeccionistas, suelen dar la mano con fuerza, alargan ese gesto y mantienen el contacto visual. Dar la mano con la palma hacia abajo sugiere autoritarismo y dominancia, mientras que el saludo que se produce con la palma hacia arriba indica que nos quieren pedir disculpas, o un ligero arrepentimiento. La fuerza con la que a veces se nos saluda parece querer demostrar que la persona es fuerte y autoritaria. O, por el contrario, el apretón flojo, con las manos frías y húmedas, indica que existe poco interés por el tema a tratar en la reunión. El cliente que nos toca el codo cuando nos saluda nos está diciendo que la relación es estrecha y se siente cómodo.

Por lo tanto, el mejor apretón de manos que nos podemos encontrar es aquél en el que la mano va de frente (ni hacia abajo ni hacia arriba), y se ejerce con la presión adecuada a la de la otra persona. Pues, como diría Peter Drucker: «Lo más importante en materia de comunicación humana, es oír lo que no se dice».

La percepción visual

«Sólo me ha hecho falta una mirada para saber que hoy no tiene un buen día y que será mejor ir al grano». La mirada es la señal que hemos percibido y nos indica cómo debemos comportarnos. Si nos paramos a observar cómo andan las personas, la velocidad en el movimiento, la postura del cuerpo, el paso firme y decidido, obtendremos muchísima información acerca de su estado emocional. Si observamos cómo pasea un cliente por una tienda, seremos testigos de información privilegiada acerca de sus emociones. Podemos observar cómo mira los artículos, si los toca, si los acaricia, si los coge y se los aproxima, cómo es su expresión facial al mirarlos, si expresa deseo o satisfacción o, más bien, desgana y apatía. Cómo se mueve, cuál es su ritmo, si está relajado o, más bien, tenso y nervioso. Cómo mueve sus manos al expresarse, si gesticula mucho o poco o, más bien, si sus gestos muestran enfado o satisfacción. Podemos observar si se dirige a nosotros con una sonrisa en su rostro o con la mirada firme y el ceño fruncido. Mediante la vista también podemos observar la frecuencia respiratoria, la coloración del rostro, el movimiento reflejo de los párpados y movimientos inconscientes como los «micropicores», que encierran una emoción reprimida como enfado, o un estado de duda, ansiedad o estrés, (aunque también pueden indicar relajación o apertura para la búsqueda de soluciones).

La percepción auditiva

Como hemos visto, si prestamos atención a cómo se expresan nuestros clientes obtendremos información muy valiosa para identificar sus emociones. El tono de voz, la velocidad al expresarse, la necesidad de realizar pausas y silencios revelan información crucial acerca de sus emociones.

La percepción cenestésica

El sentido del tacto, también llamado sistema cenestésico, incluye las sensaciones táctiles como la humedad y la temperatura, y la cenestesia interna, que alude a las sensaciones internas que podemos recordar, emociones vividas y los sentidos internos del equilibrio y la conciencia de nuestro cuerpo (como cuando recordamos con agrado la buena sensación que nos dejó la reunión mantenida con uno de nuestros mejores clientes).

A diferencia de los receptores de los otros sentidos, éstos captan señales de peligro para el cuerpo. Estas señales informan de una sensación y dejan de enviar información a nuestro cerebro si la información de presión o temperatura no es de alarma, o es simplemente placentera. Es decir, si ponemos la mano en el fuego, nuestros receptores rápidamente enviarán una orden al cerebro de alerta, que nos llevará a retirarla inmediatamente para evitar quemarnos, mientras que, si estamos dándonos un baño relajante, la sensación de temperatura no activará esos sensores y nuestro cuerpo disfrutará plácidamente de la sensación.

Agudizar nuestra percepción canestésica nos permitirá reconocer las fluctuaciones en los estados de ánimo de nuestros clientes, detectar indicios de conflicto o rechazo, y poder reaccionar adecuadamente antes de que un problema llegue a un punto de no retorno.

Para un vendedor es fundamental saber reconocer las señales de afirmación o negación de su cliente, percibir su grado de interés, (antes incluso de que llegue a expresarse), reconocer sus preferencias y necesidades y, así, enfatizar los aspectos del producto o servicio que coincidan con los intereses de su cliente, o darse cuenta de qué indicios le están marcando que no es aconsejable seguir insistiendo en ciertos argumentos si quiere cerrar la venta.

Percibir con exactitud la actitud emocional de nuestro cliente es un requisito fundamental para que nuestros esfuerzos sean exitosos.

A lo largo de este capítulo hemos revelado que las relaciones interpersonales exitosas dependen, en gran medida, de nuestra capacidad de atención y observación previas. Identificar las emociones de nuestros interlocutores requiere un nivel de observación profundo para detectar todas aquellas señales que nos marcarán el camino a seguir.

Por lo tanto, es clave comenzar a entrenar nuestra capacidad de atención, centrarnos en percibir en qué emoción están nuestros clientes, sin prestar atención a nada más. Este requisito tan sólo exige de nosotros la voluntad de querer hacerlo y estar dispuestos a experimentar sus beneficios. Ésta es la puerta de entrada a un plano de conexión emocional tan profundo que marcará la diferencia en una relación para siempre. Reconocer que podemos saber mucho más (a veces más de lo que a ellos les gustaría) de nuestros interlocutores, nos proporciona un valor diferencial clave en nuestras relaciones interpersonales.

La Historia está llena de ejemplos de personas que quisieron mirar de forma distinta el mundo: Cristobal Colón, Leonardo da Vinci, Albert Einstein... que, mirando más allá, vieron horizontes que siempre estuvieron allí a la espera de ser descubiertos. Avanzaron sin prestar atención a los límites, apasionados por lo que hacían, visualizando cómo sería el futuro, e imaginando cómo sería el mundo una vez conseguido su objetivo.

Todos podemos ir más allá, ver el mundo que nos rodea con una mirada diferente, y descubrir lo que siempre ha estado ahí. La utilización eficiente de nuestros canales perceptivos, y la curiosidad abierta nos llevará a conectar con las señales que necesitamos para dirigir nuestras actuaciones hacia la consecución de resultados más satisfactorios.

Capítulo 6. Está en tus manos

«Si no estoy en la emoción en donde incluyo al otro en mi mundo, no me puedo ocupar de su bienestar».
Humberto Maturana

Como ya apuntamos en el Capítulo 2, detectar nuestro estado emocional nos ayuda a reflexionar sobre la mejor actuación que podemos tomar para conseguir el mejor resultado posible. ¿Será positivo asistir a una reunión si me siento muy enfadado? ¿A qué me predispone? ¿Me ayudará a vender sentirme alegre? ¿En qué me centraré si siento miedo? Conocer cómo afectan los distintos estados emocionales del vendedor en el proceso de venta y aprovecharlos, o bien modificarlos, nos proporciona seguridad y un elevado control sobre cualquier situación a la que nos enfrentemos. Desde el momento en que somos conscientes de la relación existente entre lo que pensamos, sentimos y hacemos, estaremos preparados para decidir si es positivo mantener ese estado emocional, o si es necesario intervenir en nuestros pensamientos y modificar nuestra conducta.

En el Capítulo 5 aprendimos a identificar las emociones del cliente y a leer las señales que constantemente nos emite. Esta información es la que nos va a predisponer a tomar una u otra actitud. ¿Me ayudará saber si el cliente está tranquilo o airado? Para ello, hemos proporcionado las claves necesarias para reconocer sus emociones desde la observación de su fisiología y de sus actuaciones verbales y no verbales.

¿Consideras que emociones como la ira o la tristeza podrían ser beneficiosas para nuestro proceso de venta? ¿Pueden jugar a nuestro favor? El propósito de este capítulo es determinar si las emociones que están sintiendo nuestros clientes nos pueden favorecer para alcanzar nuestros objetivo comerciales o, por el contrario, nos pueden perjudicar y cómo actuar, en cada caso.

Identificar lo que nuestros clientes sienten nos puede ayudar o limitar en el proceso comercial cuyos resultados dependerán, en buena medida de la actuación que decidamos tener a partir de dicha identificación.

¿Cuántas situaciones recuerdas en las que tu cliente, bien por una interpretación tuya, o bien porque te lo manifestó explícitamente, no tenía un buen día? ¿Has aprovechado los estados emocionales de clientes pletóricos y contentos a los que se les había resuelto un tema que les preocupaba? ¿Los has incorporado a tu estrategia comercial? ¿Has tenido en cuenta su miedo o su alegría para adaptar tu actitud?

Con cuanta frecuencia dejamos de prestar atención a lo que es importante para el cliente porque estamos demasiado inmersos en lo que nos importa a nosotros. Si mi pensamiento está focalizado en conseguir el pedido para llegar a mis objetivos del trimestre, no estaré centrando mi atención en información clave que el cliente me puede estar dando respecto a lo que quiere que hagamos para mejorar el servicio y poder ampliar así sus pedidos. ¿Cuántas veces hemos pasado por alto el estado emocional de nuestros clientes apresurándonos a exponer los motivos de nuestra visita? Si el cliente aprovecha la confianza que tiene en nosotros para exponernos la inquietud que siente por la situación interna por la que está pasando en la empresa, quizás consideremos que nos está haciendo perder el tiempo y volvamos al ataque con nuestro objetivo inicial en mente sin prestarle demasiada atención. ¿Cuánta información relevante nos perdemos por éstos y otros motivos? ¿Cómo podemos aprovechar sus estados emocionales para favorecer una venta, si no le prestamos atención? Estas actuaciones apuntan a una ausencia de empatía con nuestro cliente, término que a estas alturas ya te resultará familiar, y que es fundamental para entrenar la habilidad de utilizar las emociones de nuestros clientes a fin de ponerlas al servicio de la búsqueda de un resultado satisfactorio para ambos.

El primer paso para determinar si lo que siente nuestro cliente es favorable a nuestros objetivos comerciales, tendrá que ser desarrollar nuestra **empatía emocional**, la capacidad de ver las cosas desde el mismo lugar que las ve él, la capacidad de comprender cómo se siente y, por último, la capacidad de ir más allá de lo que necesita y proporcionar le ayuda de forma espontánea.

Según investigaciones científicas recientes, las distintas variedades de empatía se basan en circuitos cerebrales diferentes. La neurocientífica Tania Singer, del instituto Max Planck de Alemania, ha estudiado la *empatía emocional*. Según ella, la zona del cerebro denominada *ínsula* es una de las zonas cerebrales cruciales para la inteligencia emocional. Esta zona detecta señales de todo el cuerpo. Cuando establecemos una relación empática con alguien, las neuronas espejo imitan en nuestro interior el estado emocional de esa persona. La zona de la ínsula descifra ese patrón y nos dice de qué estado se trata. Es como el «chivato» interior que nos dice qué está pasando emocionalmente en nuestro interlocutor. También es responsable del *feeling*. ¿Has tenido alguna vez la sensación de que, siendo la primera vez que hablas con alguien, parece que os conocierais de toda la vida? ¿Has tenido una conexión total con alguien a los pocos minutos de iniciar una conversación? Pues a estas sensaciones es a lo que nos referimos cuando hablamos de *empatía emocional* o *feeling*.

La empatía emocional nos permite reconocer cómo se siente nuestro cliente y adaptarnos a su estado emocional con el fin de generar un estado de confianza y cercanía. Sin embargo, en alguna ocasión, la empatía puede «contagiarnos» de un estado emocional que no nos favorece nada. Por ejemplo, si nuestro cliente se siente abatido porque la facturación ha descendido más de un treinta por ciento en el último trimestre, es fácil acabar llorando juntos y mostrarnos excesivamente flexibles en el acuerdo a adoptar. Se trata de experimentar la emoción, pero no de quedar envueltos y dominados por ella. Supone expresar que sabemos cómo se siente con el fin de que se vea comprendido y, a partir de ahí, poder determinar cómo intervenir de la mejor forma posible. Para ello, adoptaremos una actitud coherente con ese estado, la cual irá acompañada de nuestro tono de voz, nuestro lenguaje corporal y nuestra forma de expresarnos.

La empatía cognitiva es la responsable de que nuestros clientes se sientan comprendidos, es decir, de ponernos en su lugar y tratar de analizar el momento o la situación desde donde el otro la analiza, desde su miedo, o desde su seguridad. Supone dejar por un momento de pensar en nosotros y darnos completamente al otro para ponernos en su piel. **Cuando alguien es escuchado y se siente entendido, su estado de bienestar se incrementa exponencialmente.**

Imagina una situación en la que tu cliente te está expresando su malestar porque la mercancía de su pedido ha llegado defectuosa, y no podrá responder a los compromisos con sus clientes hasta que reciba una nueva partida de material. Se siente desbordado y, al mismo tiempo, dolido por no poder responder a los compromisos adquiridos. La empatía cognitiva supone decirle «te entiendo, te comprendo» de forma sincera, y no anticiparnos a exponer las causas, no justificarnos. Supone permitirle que exprese su emoción y la normalice, es decir, ayudarle a entender que sabemos que la emoción que siente es la misma que sentiríamos nosotros en una situación similar.

Figura 15. Elementos clave de la conexión emocional

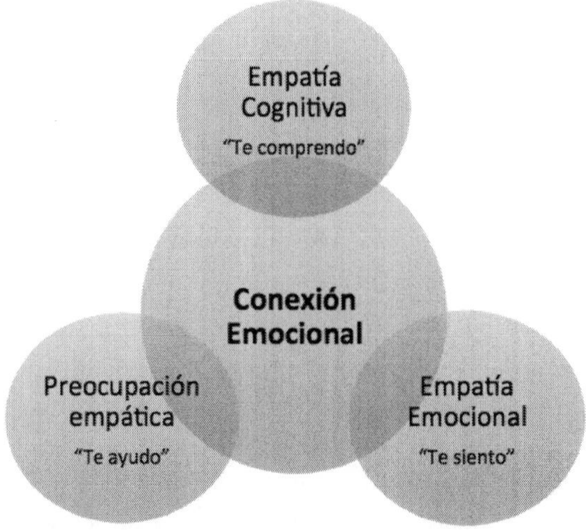

La preocupación empática es la ayuda, ofrecer más de lo que otros lo harían, anticiparse a la necesidad y mostrar la forma de cubrirla. Podemos generarla desde el momento en que, conociendo a nuestros clientes, lo que necesitan, lo que esperan, lo que sienten, nos anticipamos de buen grado y les sorprendemos. Podríamos decir que se trata de llegar a conocer a nuestro cliente mejor que él mismo, ir por delante con un comportamiento sincero y auténtico orientado a la búsqueda de su satisfacción, pues no se trata de hacer las cosas por un beneficio inmediato, sino más bien de cultivar una relación a largo plazo. Se trata de hacer sentir al cliente que con nosotros está seguro, que puede sentirse tranquilo, que no le vamos a fallar, que nos comprometemos y estaremos ahí cuando lo necesite. Todos estamos programados para ser empáticos y para ayudar a los demás. Sin embargo, no aprovechamos todas las oportunidades que tenemos para hacerlo, y la principal razón de ello es que mantenemos el foco de atención en la dirección equivocada. A veces, nuestros clientes nos están pidiendo a gritos que les ayudemos a encontrar una solución, nos están mostrando sus debilidades y sus necesidades. No obstante, nuestra atención está tan puesta en el producto que nos falta en el catálogo, en la factura impagada, o en la reducción de margen que tenemos que hacer, que pasamos por alto lo más importante.

La neurociencia social ha aportado grandes avances en la investigación que nos permiten comprender que nuestra reacción por defecto es ayudar. Se ha estudiado cómo los circuitos en los cerebros de dos personas se activan cuando interactúan. Si prestamos atención a la otra persona, automáticamente nos identificamos y sentimos como ella. Si la otra persona está sufriendo o está necesitada, automáticamente estamos preparados para ayudar. Entonces, ¿por qué no lo hacemos con tanta frecuencia como sería deseable? Una respuesta a esta pregunta es que muchas veces estamos demasiado centrados en nosotros mismos, en nuestras preocupaciones y, desde ese estado, no podemos percibir al otro del todo. **Pasar de estar centrados en nosotros a estar centrados en el otro es muy sutil.** Sin embargo, son acciones sencillas las que pueden ayudarnos como:

- Invita a tu cliente a que hable de él. Lo que a ti te haya sucedido, tus experiencias o vivencias, no importan. Otórgale todo el protagonismo a tu interlocutor. Muestra especial interés por escucharle. Deja a un lado tu ego, tu necesidad de ser el foco de atención.
- Formúlale preguntas en segunda persona. Incorpora el «tú» en las preguntas que le plantees pues, de esta forma, toda la atención estará centrada en él, y

así lo percibirá. «¿Qué te parece?» «¿Cómo lo ves?» «¿Qué has pensado?»

- Deja a un lado tu móvil, ni siquiera lo tengas delante o encima de la mesa. Tu atención debe estar centrada en tu cliente y no en otra cosa.
- No respondas a una llamada o a un correo electrónico en mitad de una conversación. Si el cliente lo hace, no es tu problema.

Desconéctate de todo y conecta con tu cliente. En la venta necesitamos crear «momentos humanos», conexiones reales con nuestros clientes. Prestar toda la atención mantiene activada nuestra empatía. El ritmo diario, las prisas, los compromisos nos absorben en una espiral que nos desconecta totalmente del mundo exterior, y nos encierra en el nuestro, aislados de todo estímulo. Ya no vemos, ya no percibimos, ya no somos sensibles a las necesidades de otros. Sin embargo, podemos ser optimistas pues, invertir esta espiral, es sólo cuestión de prestar atención, y eso es algo que está en nuestras manos.

Ahora tenemos que plantearnos cómo hacerlo. Es decir, cómo podemos mostrar al cliente esta compenetración, cómo le hacemos saber que entendemos, comprendemos y sentimos su emoción. En definitiva, **¡tenemos que llegar al corazón de nuestro cliente!** Para conseguir este objetivo es necesario que prestemos atención a tres elementos fundamentales:

1. La capacidad de sintonizar,
2. La atención total y
3. La positividad.

La capacidad de sintonizar

Mantener una buena conversación dependerá del nivel de sintonización o *rapport* que se genere entre dos personas. Esta sincronización tiene su origen en un proceso de imitación inconsciente cuyas responsables son nuestras neuronas espejo. Sin embargo, podemos hacerlo de forma consciente a través de una imitación o adaptación voluntaria de la postura corporal, la expresión facial, el ritmo de elocución, o el tono de voz de nuestro interlocutor de tal manera que perciba en todo momento que hemos sintonizado emocionalmente con él. Cuando se produce este estado de compenetración o *feeling*, los movimientos corporales de las dos personas se acompasan y sus posturas corporales se hacen casi simétricas. Sintonizar con nuestros clientes es «bailar con ellos». En definitiva, podemos provocar conscientemente un proceso (que es llevado a cabo por otro grupo de neuronas, llamadas *osciladores*), que regula nuestro movimiento con respecto a otro cuerpo. Percibir el ritmo y el compás de las personas con las que tenemos que interactuar es esencial para conseguir nuestro objetivo.

La atención total

La atención total significa mantenernos completamente centrados en nuestro cliente, sin distracciones y dejando de lado cualquier estímulo que pueda desviar nuestra atención. Para ello mantendremos un buen contacto visual, asentiremos, parafrasearemos, formularemos preguntas, es decir, mostraremos en todo momento que comprendemos el mensaje que nos esté transmitiendo. Nuestra fisiología se corresponderá con la de nuestro interlocutor. Nuestra posición corporal será lo más simétrica posible, nuestros gestos faciales serán coherentes con las emociones transmitidas. En este punto aparece la *escucha* como un pilar fundamental para el desarrollo de la empatía. *Escuchar activamente* a nuestro cliente es ir más allá de sus palabras, es entender lo que realmente necesita a partir de la expresión implícita de la emoción que siente. Entender y comprender cómo se siente nos llevará a afrontar una situación con la mejor actitud posible y a mejorar las posibilidades de obtener un beneficio mutuo.

Figura 16. Cómo conseguir la compenetración con nuestro cliente

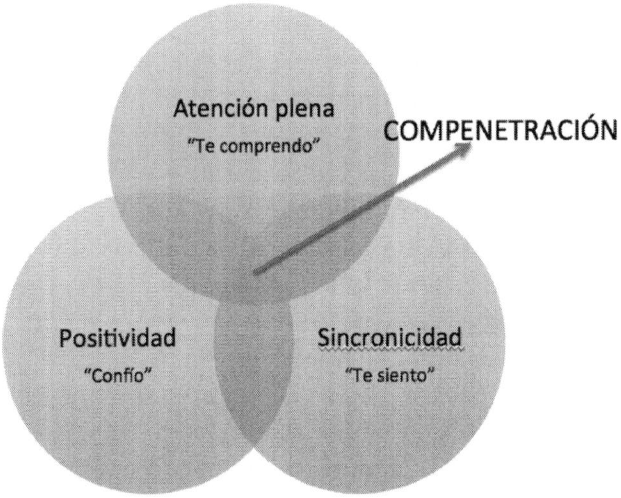

La positividad

Cuando hay *química* todo es más fácil y las cosas salen mejor, pues estamos abiertos a todas las posibilidades. Cuando escuchamos y empatizamos con el punto de vista de nuestro interlocutor, los obstáculos comienzan a desvanecerse. ¿Qué te parece responder a una posible objeción del cliente de esta forma?: «Tienes razón, gracias por tu aportación. Tendremos que reconsiderar este punto del contrato». Con actitudes así nuestro cliente sabrá y confiará en que aportaremos la mejor solución, pues nuestra prioridad será obtener un resultado positivo para ambos. Estará convencido de que haremos cualquier cosa por satisfacer sus necesidades, por ayudarle a que se sienta bien.

Por lo general, nos resulta muy difícil «escapar» de una situación para redirigir la atención hacia otros aspectos más positivos. Por ejemplo, si nuestro cliente nos está amenazando con dejar de trabajar con nosotros debido a que hemos tenido que subirle los precios, lo más habitual será entrar en justificaciones acerca de lo que ha motivado esa subida. Es decir, entraremos directamente en una espiral negativa, un discurso sordo a los oídos de nuestro cliente, pues no irá dirigido a la resolución de su necesidad. Es difícil desviar la atención hacia otro lugar que favorezca un feliz desenlace. Para ello, debemos evitar dejarnos llevar por nuestro afán de protagonismo y tener respuesta para todo. Dejemos a un lado el ego y busquemos otro punto de atención. ¿Qué otra cosa puedo hacer por mi cliente? ¿En qué situación se encuentra su empresa o su sector? ¿Qué alianzas serían favorables para mantener una buena relación a largo plazo? Éstas y otras preguntas favorecen una conversación centrada en el deseo de saber y comprender qué lleva a mi cliente a mostrar una necesidad tan explícita. Por esta senda, llegaremos a destinos que desconocíamos como, por ejemplo, a descubrir que existen necesidades que podemos resolver que van más allá de una simple reducción del precio. **Desde nuestro deseo de ayudar, manteniendo nuestra mente abierta, orientada a la búsqueda de soluciones, estaremos más cerca de conseguir éxito de lo que aparentemente podría ser**

un fracaso rotundo.

En resumen, los pasos para comenzar a desarrollar nuestra empatía emocional y transmitir, por tanto, a nuestro cliente que entendemos, comprendemos y sentimos su estado, son:

- Esforzarnos por interpretar los hechos con la máxima objetividad. ¿Qué ha sucedido?
- Escuchar la versión de los hechos de nuestro interlocutor. Escuchar desde la empatía. No se trata de juzgar ni de buscar culpables, sino de ver cómo podemos alcanzar conjuntamente una solución razonable para ambos.
- Comprender cómo esa situación afecta a nuestro cliente desde el punto de vista emocional. ¿Cómo se siente?
- Reconocer qué significa eso para nosotros, a qué nos expone. ¿A qué me predispone su emoción?
- Encontrar soluciones. Activar nuestra genialidad, atrevernos a plantear nuevos marcos y horizontes.

Para reconocer cómo nos puede ayudar, facilitar o bloquear que nuestro cliente sienta una u otra emoción, hay que entrenar y desarrollar la capacidad empática y, más concretamente, la empatía emocional. El siguiente paso nos llevará a decidir cuál es la mejor estrategia a adoptar en cada situación.

Facilitación emocional

Sabemos que las emociones tienen una utilidad universal, son las señales de nuestro cuerpo de lo que debemos hacer. Cuando identificamos una emoción en otra persona y tratamos de asociarnos con ella, es fundamental conocer a qué predispone dicha emoción. ¿Para qué nos puede servir que nuestro cliente se sienta de una u otra forma? Si el cliente se encuentra apático y triste, será un buen momento para ofrecerle nuestra ayuda y apoyo; si siente rabia, aprovecharemos su energía para cambiar las cosas. Sabemos que nuestros pensamientos e interpretaciones provocan emociones y estados de ánimo que determinan nuestra capacidad de actuar y comportarnos. Por lo tanto, cuando hablamos de usar las emociones, nos estamos refiriendo a nuestra capacidad para facilitar o inducir nuevos estados emocionales que favorezcan las acciones a tomar.

La facilitación emocional se centra en determinar cómo las emociones afectan a nuestros pensamientos y cómo podemos aprovecharlas para solucionar problemas, razonar, tomar decisiones y esforzarnos de forma más efectiva. ¿Cómo nos ayudaría que nuestro cliente sintiera expectativas muy positivas respecto al servicio que vamos a cubrir? ¿Qué papel jugaría en la venta que el cliente sintiera ilusión y confianza por comenzar a trabajar juntos? Al conocer el proceso de pensamiento que genera esas emociones, podemos intervenir en las acciones y comportamientos que incorporaremos a nuestra estrategia, alterando, así, los resultados.

En el ámbito comercial, la identificación de las emociones de nuestro cliente nos puede guiar y ayudar a crear nuevos entornos, a abrir nuevas posibilidades y, en definitiva, a mejorar nuestras relaciones interpersonales para alcanzar mejores resultados. En definitiva, por lo general, nos puede ayudar a:

- Alcanzar mejores acuerdos
- Fomentar la cooperación
- Invitar a la reflexión
- Tomar mejores decisiones
- Reconducir situaciones difíciles

- Profundizar en áreas desconocidas
- Despertar la curiosidad
- Activar la creatividad y la generación de ideas.

Un buen ejemplo de lo que estamos explicando lo encontramos en el *aikido* (camino de la energía y la armonía), un arte marcial que persigue neutralizar al oponente en situaciones de conflicto derrotándolo sin generarle ningún daño. El practicante de *aikido* no se encuentra con nadie que le pare el golpe o se lo devuelva, pues el *aikido* consiste en alinearse con el contrario y en ponerse de su lado. El maestro de *aikido*, conocedor de los tipos de ataque, ajusta su técnica para dar la mejor respuesta a cada uno de ellos. Rompe el patrón mental de su oponente porque no responde como él esperaba, sino que lo desconcierta, devolviéndole ayuda y comprensión donde el atacante espera lucha y rechazo. Del mismo modo nuestro cliente será nuestro «atacante», cuya energía podemos utilizar, en lugar de responder a ella, para acercarnos más fácilmente al éxito.

Lo habitual es adoptar actitudes defensivas cuando nos sentimos atacados o cuestionados, culpabilizar cuando se nos piden explicaciones, o responder con excusas ante las críticas a las que en ocasiones nos enfrentamos. Eso nos lleva a una espiral ascendente de pelea con el otro.

Lo inteligente, sin embargo, es actuar como el maestro de *aikido*. Cuando encontremos clientes enfadados, tristes, que sienten rechazo o miedo a la hora de tomar decisiones, aprovechemos su energía para ayudarles a satisfacer sus necesidades. Ante una emoción negativa, formulemosnos las siguientes preguntas: ¿qué necesidad está tratando de cubrir? ¿qué valor está tratando de proteger?

Analicemos cada una de las emociones básicas que ya conocemos, ahora desde la óptica del cliente, y tratemos de identificar qué utilidad puede tener cada una de ellas en nuestro proceso comercial.

1. **La tristeza.** Ya sabemos que esta emoción posee una utilidad para el que la siente, pues le predispone a pedir ayuda o apoyo, invita a la reflexión interior y ayuda a provocar cambios necesarios. ¿Cuál es la necesidad insatisfecha detrás de la tristeza de nuestro cliente? ¿Qué podemos incorporar a nuestra estructura comercial para tratar de satisfacerla? La tristeza de nuestro cliente nos puede servir para:

    - Retomar asuntos pendientes que requieren una reflexión conjunta antes de tomar una decisión.
    - Tomar la iniciativa y ofrecerle nuevas soluciones a problemas planteados con anterioridad.
    - Otorgarle todo el protagonismo, y dedicarle toda nuestra atención.
    - Implicarle en la conversación, formulándole preguntas que le lleven a razonar y pensar conjuntamente.
    - Generar una relación más estrecha y acercarnos más a él, hacerle sentirse escuchado.
    - Exponer en detalle las propuestas y valorar las ventajas e inconvenientes de cada una de ellas.
    - Reforzar nuestra posición, valorando con él los logros conseguidos y las situaciones resueltas en las que él ha tenido protagonismo.

    Pero nos puede impedir que:

    - Le ilusionemos con nuestra argumentación, a pesar de llevar una buena propuesta.
    - Avancemos en una decisión que dependa exclusivamente de él quien, víctima de su apatía, no encuentre energía para avanzar.

- Indaguemos en cuestiones relevantes para avanzar en nuestra propuesta pues quizás él no esté en disposición de mostrarse expresivo.
- Conectemos con él tanto como nos gustaría, pues su bloqueo emocional puede mantenerle distanciado.

2. **La ira.** Esta emoción nos predispone a la lucha, nos ayuda a poner límites, a cambiar lo que percibimos como injusto y a buscar el perdón. La ira de nuestro cliente nos puede servir para:

   - Exponer los términos del acuerdo haciendo especial énfasis en las excepciones o cláusulas marco, a fin de evitar situaciones desagradables.
   - Centrar el asunto o conversación en lo que es verdaderamente importante para él sin tener que irnos por las ramas.
   - Sintetizar la argumentación comercial para obviar elementos que no son relevantes y no responden a sus necesidades.
   - Decidir con él la acción a tomar para resolver un problema.
   - Conocer qué valora y qué es importante para él, sobre todo cuando expresa los motivos de su enfado.
   - Recoger su deseo de justicia y aprovecharlo para mostrarle en qué le ayudaría colaborar con nosotros para conseguirlo.

   Pero nos puede impedir que:

   - Expongamos algún detalle de la propuesta, producto o servicio que consideremos útil, pero que no se adapta a sus necesidades actuales.
   - Podamos mostrar nuestra habitual actitud afable y

cercana.
- Indaguemos en sus necesidades, pues puede responder con evasivas.

3. **El miedo.** Esta emoción nos invita a tomar decisiones orientadas a alejarnos de todo aquello que puede hacernos daño. Supone la búsqueda de la confianza y la seguridad. El miedo de nuestro cliente nos puede servir para:

   - Apoyarnos en la experiencia y en hechos concretos que le demuestren que puede confiar en nosotros.
   - Recrearnos en las bondades del producto, demostrando en todo momento la veracidad de las argumentaciones utilizadas.
   - Centrar la argumentación en la necesidad que quiere cubrir, bien sea ésta de seguridad, de confianza o para resarcir una situación pasada que le provocó malestar.
   - Hablar de los inconvenientes o problemas que le vamos a evitar con soltura y convicción.
   - Presentar nuevas propuestas o soluciones para la misma necesidad.

   Pero nos puede impedir que:

   - Podamos abordar en detalle los aspectos de la propuesta, pues puede cuestionar cada uno de los puntos presentados, generando un desgaste innecesario.
   - Tome la decisión porque necesita tener la seguridad de que se siente apoyado por otras áreas de la empresa.
   - La propuesta sea aprobada en el tiempo lógico, debido a retrasos por su parte para asegurar la decisión a tomar.

4. **El asco.** Rechazamos la situación que nos provoca malestar, que nos hace sentir incómodos para tratar de expulsarla o alejarla y disminuir así el malestar que sentimos. El malestar de nuestro cliente nos puede servir para:

    - Conocer en mayor profundidad sus necesidades y preferencias, lo que valora, lo que le gusta, lo que es importante para él.
    - Diseñar y adaptar nuestros argumentos y propuestas para evitar caer en aquello que rechaza.
    - Plantear alternativas alejadas de lo que le provoca malestar, e invitar a que tome una acción diferente.
    - Matizar o mitigar algún argumento utilizado si vemos que le genera rechazo.

Pero nos puede impedir que lleguemos a un acuerdo sobre algo, si alguno de los aspectos de nuestra propuesta es rechazado de pleno desde el principio.

5. **La alegría.** Esta emoción nos predispone al disfrute, la celebración, el reconocimiento. Nos pone en disposición de colaborar con otros para generar ideas. La alegría de nuestro cliente nos puede servir para:

    - Obtener una mayor predisposición suya para resolver los problemas o cualquier incidencia en el servicio de forma ágil.
    - Que responda con agrado a las preguntas que le formulemos, incluso a las de carácter personal.
    - Que minimice lo que sucede, dejando a un lado los problemas, poniendo su foco de atención en lo que es positivo para él.
    - Encontrar aspectos positivos en nuestro producto o

servicio.

Pero nos puede impedir que:

- Tratemos un asunto importante con la seriedad y concentración que merece.
- Incidamos en aspectos del contrato relevantes, a los que él no presta atención.

6. **La sorpresa.** Esta emoción nos ayuda a focalizar la atención y estar abiertos a lo desconocido y diferente. La sorpresa de nuestro cliente nos puede servir para:

- Que centre su atención en lo que le estamos mostrando.
- Que quiera tener más información respecto al producto o servicio mostrado, pues le picará la curiosidad.
- Que sea más receptivo a las nuevas propuestas de solución ante una queja o problema surgido.

Pero nos impide tener todo el control de la conversación puesto que nos veremos obligados a prestar atención a la emoción que surgirá después, que podrá condicionar la conversación.

Los cuatro cuadrantes de las emociones

Si cada una de estas emociones básicas con las que el comercial puede encontrarse las situamos en cuatro zonas, obtendremos el siguiente cuadro sobre el estado emocional de nuestro cliente. El gráfico nos indica hacia dónde deberíamos dirigir nuestros esfuerzos a fin de movilizar la energía emocional de nuestro cliente para que nos resulte más favorable.

Figura 17. Los cuatro cuadrantes de las emociones

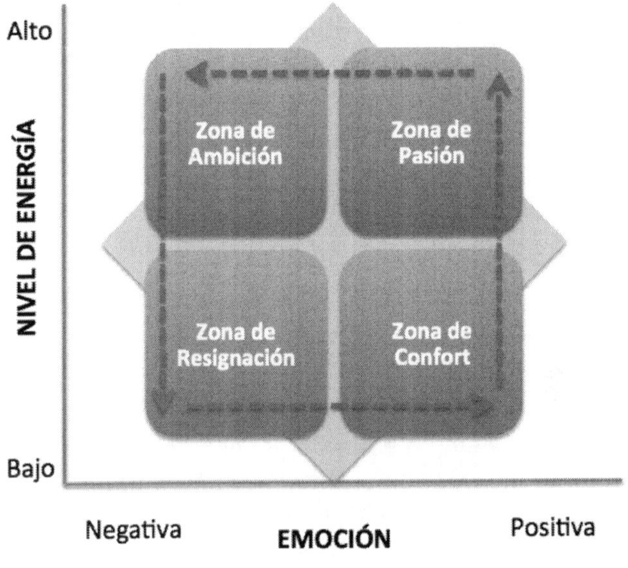

Esta matriz está basada en dos variables: *el nivel de energía y el estado anímico*. Cuando hablamos del *nivel de energía* nos referimos al estado fisiológico o inmunológico, en términos de energía calórica, ausencia de enfermedad o dolor. En definitiva, al nivel de bienestar físico. *El estado anímico* se corresponde con el grado de placer o satisfacción ante una determinada situación. De la combinación de estas dos variables, obtenemos la instantánea de aquello a lo que el cliente va a estar predispuesto en cada una de las zonas, aquello para lo que está preparado y, lo más importante, aquello que nos vamos a encontrar.

- **Zona de pasión:** En esta zona, el nivel de actividad es alto y el estado anímico es de satisfacción. Cuando nuestros clientes se encuentran aquí, se muestran más abiertos a cooperar, a minimizar los problemas y a buscar soluciones conjuntas, están más abiertos a la creatividad y a la iniciativa. Es la zona en la que siempre queremos estar y permanecer junto a nuestros clientes, pues todo es más fluido, fácil y enriquecedor para ambos. Es la zona a la que deberíamos conducir a nuestros clientes durante el proceso de la venta.

- **Zona de ambición:** En esta zona nos encontraremos clientes con un elevado nivel de actividad pero cuyo estado anímico no es satisfactorio pues se encuentran en estado de alerta o, tensión. Existen compañías en las que la propia cultura empresarial fomenta trabajar en esta zona, con elevadas dosis de competitividad y orientación al objetivo. ¿Quién no ha estado con un cliente cuya actitud hacia el comercial es de desafío constante? Quizás desafiar a un cliente así puede ser el atajo hacia el éxito. No es una zona negativa para la venta, pero sí es necesario que identifiquemos bien dónde estamos y qué terreno pisamos para aprovecharla a nuestro favor. Tenemos que pensar que el cliente, en esta zona, está preparado para atacar, para defenderse o para competir, por lo que nuestra actitud tendrá que ir orientada a neutralizar su comportamiento, y ello supondrá no alimentar su ira, su enfado o su tristeza. Nuestro objetivo estará orientado a movilizarlo hacia la zona de pasión, pues su energía continúa siendo elevada.

- **La zona de confort:** Ésta es una zona de bienestar aparente. Digamos que, en esta zona, los sentimientos son de calma, tranquilidad, y de necesidad de no sentirse molestado por nada ni por nadie. Esta zona es favorable desde el momento en que el cliente quiere ausencia de problemas, necesita la tranquilidad de saber que todo permanece en orden y bajo control. Sin embargo, el inmovilismo puede fácilmente convertirse en apatía, impidiendo la toma de decisiones orientada a la generación de cambios que nos pueden favorecer. Las emociones que siente el cliente en esta zona son positivas, aunque el bajo nivel de actividad minimiza su posible impacto. Aunque nos gustaría movilizar al cliente hacia la zona de pasión, quizás no podamos influir en su nivel de energía y, por lo tanto, la decisión que deberemos tomar estará condicionada por aquello que sea más favorable para la venta, sin forzar la situación.

- **La zona de resignación:** Ésta es la zona en la que el nivel de actividad es bajo y la emoción negativa. Es el lugar en el que habita la apatía, la tristeza, la desgana y el conformismo. Podríamos decir que es la zona del victimismo, en la que el cliente siente que nada puede hacer y que nada puede cambiar, aunque no se sienta bien con ello. No es un buen lugar para la venta, pues en este estado el cliente necesitará descansar, relajarse, reflexionar sobre para qué hace las cosas y qué quiere conseguir y, en el trato con otros, realizar razonamientos de bajo nivel de complejidad. Quizás no sea el mejor día para hacer la demostración que teníamos preparada, pues requiere análisis y atención sobre múltiples datos y puede que no consigamos el impacto deseado. En ocasiones, una retirada a tiempo es un éxito. Tal vez sea mejor retirarse en ese momento para volver después mejor preparados.

La secuencia de cambio y movimiento por cada una de las zonas estará orientada a la búsqueda de aquélla que nos resulta más favorable.

De la zona de resignación se puede pasar a la zona de

confort, cuando el nivel de energía sea bajo, pero se pueda modificar la emoción de negativa a positiva. Podemos conseguirlo desde el momento en que trabajemos con el cliente y mostremos la información que necesita para modificar sus pensamientos. Por ejemplo, si nos encontramos con un cliente desganado, apático, escéptico, y con escasa o nula ilusión por lo que vamos a mostrar, y nuestro discurso comercial sigue el mismo cauce, es decir, no mostramos nada que despierte su curiosidad ni su atención, él se mantendrá en la zona de resignación. Pero si logramos despertar su deseo de saber, si impregnamos el argumentario de grandes dosis de novedad, centrándolo en la solución a sus problemas, quizás logremos que las emociones negativas vayan transformando su esencia, a partir de lo que observa, lo que escucha y lo que piensa, modificándose poco a poco hacia estados positivos.

Pasar de la zona de confort a la zona de pasión, (ambas con emociones positivas) es cuestión de tiempo pues se trata de conseguir que el nivel de actividad del cliente se incremente. Habremos creado un terreno fértil desde el momento en que hayamos trabajado con el cliente en su zona de confort, manteniendo su emoción en estado positivo, y hayamos sabido esperar y apostar por una relación de largo plazo. Se trata de movilizar a través del reto y no de la presión.

Pasar de la zona de pasión a la zona de ambición es posible cuando el nivel de actividad permanece alto, pero cambia la emoción. Quizás hayamos hecho alguna observación con la que el cliente se ha sentido atacado, o bien necesita posicionarse ante un exceso de confianza por nuestra parte. Si eso sucediese, lo más recomendable sería que matizáramos nuestra observación, pidiéramos disculpas o bien mostráramos la humildad necesaria para reconocer que nuestra argumentación ha podido ser desafortunada.

Por último, *el paso de la zona de ambición a la zona de resignación* es menos probable pero, como nuestro nivel de energía fluctúa, ciertos estallidos emocionales requieren un periodo de descanso posterior, cuando toda la energía se ha agotado. Por ejemplo, si estamos sometidos a un nivel muy elevado de actividad, de estrés positivo, tendremos mucha energía y eso nos moverá para mantenernos los primeros, desafiando y compitiendo constantemente. En ocasiones, nuestro cuerpo nos dice que es necesario parar y descansar, pues hemos agotado las reservas. Las emociones que sentimos siguen estando ahí, sólo que no pueden expresarse con la misma intensidad. Esas bajadas de energía pueden hacernos pasar de la ebullición absoluta a la apatía más completa.

Como hemos ido analizando a lo largo del capítulo, cualquier emoción en el cliente tiene sentido y utilidad para nosotros. Cuando conocemos la intención positiva que esconde la emoción, se abren a nuestro alrededor nuevas ventanas de posibilidades, si nuestro punto de mira está puesto en el objetivo a alcanzar y no en defendernos de esas emociones.

También hemos comprendido que **no basta con identificar la emoción en el cliente, sino que hay que ir un paso más allá y cuestionarse qué utilidad puede tener para nosotros. Esto lo conseguimos a través de la conexión emocional, entrenando la empatía y la compenetración sinceras. Se trata de ser conscientes en todo momento de nuestros actos y de lo que queremos conseguir.**

Capítulo 7. Orienta y guia a tu cliente

«Lo que resistes, persiste; lo que aceptas, lo transformas».

Como hemos analizado en capítulos anteriores, comprender la emoción que sentimos como vendedores ante determinadas situaciones facilita el proceso de su regulación y, por lo tanto, la elección más apropiada de nuestras acciones y respuestas.

En este capítulo trataremos de comprender a nuestro cliente para iniciar un proceso de cambio emocional que nos guiará a ambos hacia un futuro mejor.

Imaginemos que asistimos como observadores a una situación en la que nuestro cliente muestra síntomas de nerviosismo, irritación y enfado. Sus argumentaciones no dejan de culpabilizar a todos los que le rodean, mientras adopta un rol de víctima respecto a todo lo que está sucediendo a su alrededor. Sentados en su despacho, observamos la escena y escuchamos atentamente. ¿Qué podríamos hacer para influir positivamente en la situación? Quizás podríamos tratar de calmar su enfado, comportándonos como un buen amigo dispuesto a escucharle, y eso nos haría sentir bien, pues pensaríamos que habíamos subido un peldaño en el proceso de mejorar la relación; también podríamos obviar su estado de ánimo y centrarnos en el asunto que nos acontece, sin prestar demasiada atención a su emoción, no fuera a ser que nos estuviéramos metiendo donde no nos llaman.

Como ya te habrás imaginado, ninguna de esas acciones conseguirá modificar su estado emocional: en el primer caso, lo más probable es que él aprovechase que alguien está dispuesto a escucharle para descargar su enfado, pero ello le dejaría en el mismo lugar en que se encontraba; en el segundo, puede que hasta se sintiera algo decepcionado por la ausencia de interés mostrada por nuestra parte, lo cual generaría, probablemente, mayor malestar del que ya experimentaba.

Iniciar un proceso de comprensión emocional supone, por lo tanto y en primer lugar, desprenderse del egocentrismo, es decir, nuestro foco de actuación y prioridad debe estar puesto en nuestro interlocutor, con un deseo explícito y sincero de querer ayudar. Cuando nuestras actuaciones están guiadas por objetivos e intereses propios, nos alejamos de poder generar el contexto relacional que necesitamos para que se produzca el cambio que pretendemos.

¿Qué pasos tenemos que dar para influir positivamente en nuestro cliente?

El primer paso consiste en aprender a *aceptar*, es decir, evitar los juicios de valor sobre una situación. Simplemente observaremos, escucharemos y sentiremos, pero nunca juzgaremos ni evaluaremos. Aceptamos cuando estamos en armonía con las posibilidades que tenemos o con las situaciones que nos toca vivir. Desde el momento en que aceptamos, abrimos un espacio de posibilidades para los demás, pues estamos listos para comprenderles y preparados para prestarles atención empática.

La aceptación se nutre de la compasión, un estado invadido por el sentimiento que aflora cuando observamos a otro ser humano y deseamos aliviar su dolor o eliminar su sufrimiento. Para ello debemos adoptar el rol de observadores, dejar a un lado nuestro ego, y centrarnos en nuestro cliente. Cuando dejamos de utilizar el «yo» para pasar al «nosotros», entonces nuestra comunicación se transforma.

La siguiente historia ilustra a la perfección lo que intentamos transmitirte:

«Cerca de Tokio vivía un gran samurái ya anciano, que se dedicaba a enseñar a los jóvenes. A pesar de su edad, corría la leyenda de que todavía era capaz de derrotar a cualquier adversario. Cierta tarde, un guerrero conocido por su total falta de escrúpulos, apareció por allí. Era famoso por utilizar la técnica de la provocación. Esperaba a que su adversario hiciera el primer movimiento y, dotado de una inteligencia privilegiada para reparar en los errores cometidos por el otro, contraatacaba con velocidad fulminante. El joven e impactante guerrero jamás había perdido una lucha. Conociendo la reputación del samurái, se fue hasta allí para derrotarlo y aumentar así su fama. Todos los estudiantes se manifestaron en contra de la idea, pero el viejo aceptó el desafío.

«Todos se dirigieron a la plaza de la ciudad y el joven comenzó a insultar al anciano maestro. Arrojó algunas piedras en su dirección, le escupió a la cara, le gritó todos los insultos conocidos, ofendiendo incluso a sus ancestros. Durante horas hizo todo por provocarle, pero el viejo permaneció impasible. Al final de la tarde, sintiéndose ya exhausto y humillado, el impetuoso guerrero se retiró. Desilusionados por el hecho de que el maestro aceptara tantos insultos y provocaciones, los alumnos le preguntaron:

–¿Cómo pudiste, maestro, soportar tanta indignidad? ¿Por qué no usaste tu espada, aún sabiendo que podías perder la lucha, en vez de mostrarte cobarde delante de todos nosotros?

El maestro les contestó:

–Si alguien llega hasta ustedes con un regalo y ustedes no lo aceptan, ¿a quién pertenece el obsequio?

–A quien intentó entregarlo –respondió uno de los alumnos.

–Lo mismo vale para la envidia, la rabia y los insultos –dijo el maestro–. Cuando no se aceptan, continúan perteneciendo a quien los llevaba consigo».

La compasión requiere escucha activa para comprender lo que le sucede al otro, una escucha empática en la que conectamos con los sentimientos de nuestro interlocutor y así se lo hacemos saber. Por último, es necesario mostrar un deseo auténtico y sincero de ayudar, para alcanzar un mejor estado para ambos.

El siguiente paso se centra en *comprender* a nuestro cliente. Cuando mantenemos una conversación, lo más importante no son las palabras con las que nos expresamos, sino *comprender* lo que se pretende con ellas. La ausencia de interpretación es fundamental si queremos profundizar en el conocimiento del estado de ánimo del otro para influir en él y llevar a cabo la acción que consideremos más oportuna para ambos. Para poder comprender, formula preguntas y expresa lo que realmente consideras. Atrévete a expresar tus sentimientos, a exponer a tu cliente qué sensaciones te transmite y ejerce un rol de espejo en el que él pueda mirarse.

Si pretendemos convertirnos en una herramienta para facilitar el cambio emocional de nuestros clientes, tenemos que entrenar nuestra capacidad de observar con humildad y desarrollar el deseo sincero de ayudar.

En el momento en que una persona se siente comprendida, se convierte en alguien mucho más abierto a influencias externas y al cambio. Pídele a tu cliente que te hable de lo que le sucede, las personas deseamos que los demás comprendan lo que sentimos y deseamos hablar de sentimientos en entornos de confianza.

Figura 18. Los cinco pasos para influir positivamente en nuestro cliente

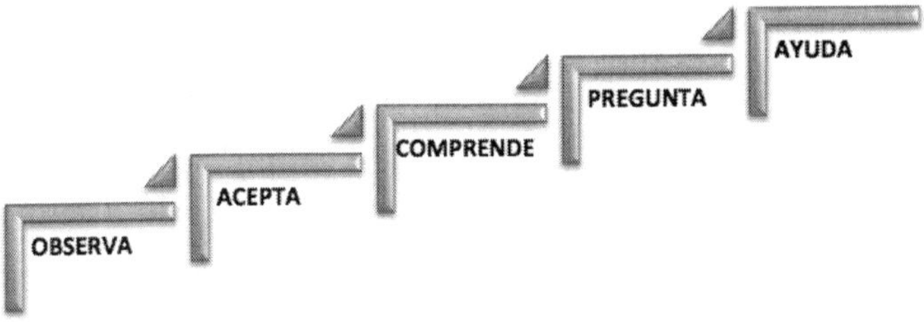

La secuencia expuesta podríamos resumirla en estos cinco pasos:

1. **Observa** la situación desde la atención plena, es decir, conectado al momento presente, sin interpretar, juzgar, o evaluar nada de lo que sucede. Estás aquí y ahora.
2. **Acepta** a tu cliente, sea quien sea y como sea y en la situación en la que se encuentre. Sólo cuando aceptamos podemos servir de ayuda al otro y nos convertimos en herramientas para el cambio. Acepta para transformar la realidad que estás viviendo junto a tu cliente.
3. **Comprende** sus sentimientos y, para ello, escucha con atención sus palabras. ¿Qué pretende expresar a través de ellas? ¿Cuál es su necesidad no cubierta?
4. **Pregunta.** Despierta el deseo de saber más. Activa la curiosidad por descubrir qué ha podido suceder, cuál es el origen de su estado de ánimo. Orienta tus preguntas hacia el futuro, el pasado está cerrado y en ocasiones no puede modificarse. ¿Qué necesita? ¿Qué quiere que suceda? ¿Cómo ha pensado resolverlo?

5. **Ayuda** a reconstruir la escena y, de esta forma, consigue observar la situación desde otra perspectiva. ¿Cómo lo ves ahora?

Si trabajamos en generar un clima adecuado para la conversación, estaremos invirtiendo realmente en que nuestro cliente se sienta más preparado y receptivo para expresar y escuchar. Eso facilitará la reflexión acerca de las distintas interpretaciones que ha realizado de la situación, las que le han conducido hacia el estado emocional en el que se encuentra.

Imaginemos por un momento que, en una visita comercial, encuentras a tu cliente enfadado, irritable y hasta tenso contigo cuando, por lo general, tenéis muy buena relación. ¿Qué le sucede? ¿Cuál es la razón por la que se siente así? Desde el momento en que brindamos a nuestro cliente la oportunidad de que pueda expresar sus emociones, estaremos abriendo un espacio de comunicación diferente, alejado de lo que suele ser habitual, pues tendemos a considerar que hay «cosas» que pertenecen a otros ámbitos, o bien no queremos «molestar» con nuestras historias. Tras observar la situación y escucharle atentamente, trata de comprender su estado emocional. Ésta podría ser una secuencia de esa conversación:

Tú: *«Me ha parecido escucharte decir que tienes hoy un día terrible y que estás muy agobiado, ¿es así?»*

Con esta frase, aseguramos que lo que hemos percibido es correcto y le transmitimos que puede expresar abiertamente sus emociones porque hay alguien dispuesto a escucharle.

Supongamos que su respuesta es afirmativa, es decir, nos cuenta una serie de hechos que le provocan un gran malestar y sobrecarga de trabajo. Además nos traslada que gran parte de ese problema no depende de él, sino que más bien se lo ha encontrado aunque sobre él recae toda la responsabilidad.

Tú: *«Entiendo tu malestar y comprendo cómo te sientes. Siempre has demostrado una gran capacidad de resolución, así que seguro que resuelves la situación con éxito. Si crees que puede ayudarte, hablemos de lo que ha sucedido».*

Este ofrecimiento contiene, por una parte, la búsqueda de la sintonía emocional, pues como vimos en capítulos anteriores, hay que comenzar por empatizar con el estado emocional de nuestro cliente. También contiene un refuerzo positivo, un elogio hacia su capacidad de esfuerzo y compromiso demostrado con hechos pasados. Por último, contiene una invitación a conversar. Desde la comprensión podemos conseguir la apertura necesaria de nuestro interlocutor para que sienta que puede ser positivo para él iniciar este proceso. Como ya sabemos, las buenas relaciones personales están basadas en la confianza y en la empatía.

La confianza es la base de cualquier relación, y la empatía es la que nos ayuda a generarla. Cuando utilizamos la empatía como canal de comunicación, estamos provocando que los demás se sientan importantes, valorados, escuchados y comprendidos, y todo ello favorece que confíen más en nosotros. Pensemos que en una relación cliente-proveedor, si no existe confianza, cualquiera de los dos se protegerá del otro, pues no se tendrán claras las intenciones de cada cual y, por lo tanto, será casi imposible que la actitud de ambas partes sea favorable a la búsqueda de soluciones conjuntas, pues prevalecerá la persecución de intereses personales e individuales. Nadie duda de que vamos a invertir más tiempo del necesario en alguna ocasión o puede que, incluso en esa reunión, sólo habremos ayudado a nuestro cliente a modificar su estado emocional y a comprender mejor qué le sucedía, pero **ten por seguro que él no olvidará el vínculo emo-**

cional que se habrá generado entre vosotros, y algo todavía más importante, que, en un mal momento, estabas a su lado apoyándole.

Supongamos ahora que iniciamos esta conversación con nuestro cliente orientada a indagar la causa de su emoción y a conseguir un cambio de estado emocional que le haga sentirse mejor:

Tú: *«¿Qué ha sucedido?»*

Ahora nos centramos en el desencadenante. Necesitamos conocer los hechos que nuestro cliente ha interpretado y sobre los que ha construido sus juicios. Nuestra escucha debe ir dirigida a identificar esos juicios, qué datos u observaciones son relevantes para él, qué personas intervienen en su historia y qué dice de ellas. Por ejemplo, nos cuenta que el servidor de la empresa lleva tiempo dando problemas y que, a pesar de todos los avisos que ha dado, no ha habido forma de arreglarlo.

Cliente: *"Tenemos un problema grave, pues hemos perdido todos los datos del software de gestión que utilizamos y no tengo forma humana de recuperar la información, pues nadie se ha preocupado de realizar copias de seguridad. Me están pidiendo el último reporte de gestión comercial y no voy a poder tenerlo preparado para cumplir con el plazo. Lo que peor llevo es no poder responder a los compromisos que asumo, y más por algo que ya llevaba tiempo viendo venir. A ver ahora cómo se lo explico al director general".*

Tras observar y escuchar atentamente su narración de los hechos, nos damos cuenta de que ha generado una serie de conclusiones que le provocan un estado de enfado, angustia y decepción. Los sentimientos afloran de su interpretación de la realidad.

Tú: *«¿Podría haber otra explicación de esa realidad? ¿Podría haber ya una propuesta de solución que desconoces y que te descarga de esa responsabilidad que sientes y te angustia? ¿Qué sucedería si se lo explicas a tu director general? ¿Qué te impide hacerlo? ¿Sería posible replantear el plazo?»*

Éstas y otras muchas preguntas están orientadas a que tu cliente inicie un proceso de búsqueda de alternativas basado en un cambio de interpretación de los hechos que provoque un cambio de emoción. Así estaríamos invitándole a pasar de la angustia a la responsabilidad por hacer algo diferente, de la decepción que siente a la curiosidad que le permita ampliar sus posibilidades.

Tú: *«¿Qué necesitas que suceda para encontrarte mejor? ¿Qué alternativas ves como posibles?»*

Es fundamental que orientemos la conversación hacia el futuro, pues lo que pretendemos es resolver el asunto, por lo que centrarnos en lo que ha sucedido se aleja del propósito. El enfoque hay que ponerlo en lo que para nuestro cliente es una posible solución. A partir de aquí, orientarle hacia las acciones posibles: «¿Qué vas a hacer?» Y preguntar acerca de su nuevo estado: «¿Cómo te sientes ahora?»

Como nos muestra el ejemplo, **la premisa fundamental para conseguir un cambio de actitud consiste en aceptar la responsabilidad de que lo que nosotros hacemos genera esos sentimientos, es decir, lo que otros hagan puede ser un estímulo de nuestro sentir, pero nunca su causa.** En el ejemplo anterior, nuestro cliente se siente angustiado y decepcionado por lo que otros han dejado de hacer, pero la causa de sus sentimientos está en cómo vive él no poder cumplir sus compromisos, en cómo reflexiona él sobre la imagen que otros tendrán de su capacidad si no resuelve el problema y, en definitiva, en qué papel está jugando en esa historia que le provoca tanto malestar. Sólo a partir de este razonamiento podremos llegar a comprender cómo se siente. El proceso es mucho más sencillo si tratamos de focalizarnos en la búsqueda del estímulo que ha provocado su estado emocional.

Figura 19. Entender cómo se siente nuestro cliente

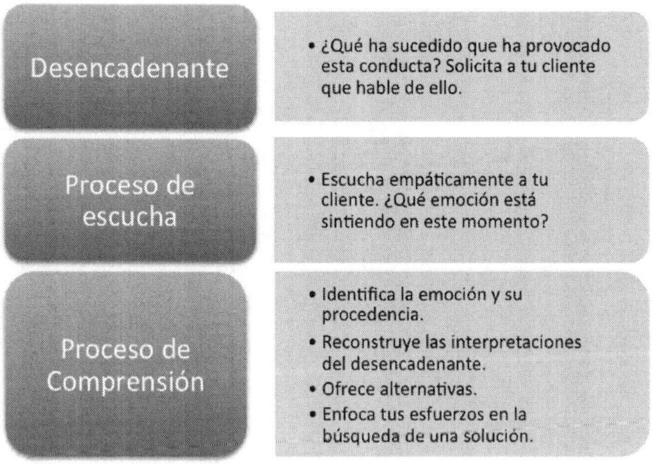

En definitiva, lo que pretendemos es conseguir que nuestros clientes expresen sus verdaderos sentimientos y sus necesidades para poder satisfacerlas, pero desde el plano emocional y no tanto desde el racional.

Figura 20. Pasos útiles para la comprensión emocional

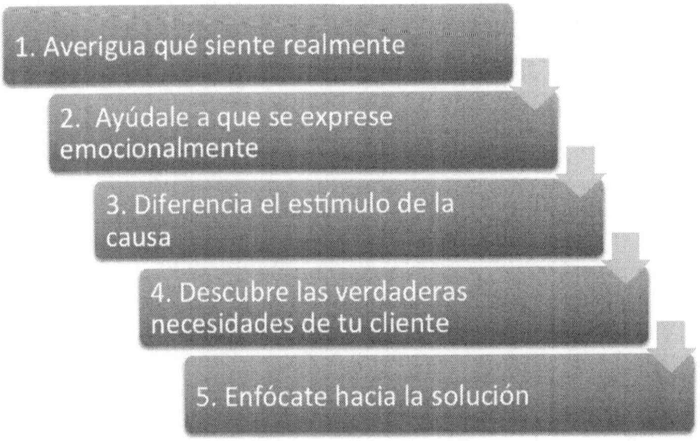

En una situación como ésta, nuestro cliente ha podido:

1. *Culpabilizarse.* Se toma la crítica de modo personal. Acepta como válido el punto de vista del otro y se echa la culpa. Lanza mensajes negativos respecto a la situación que está viviendo, como por ejemplo: «Nunca he visto tanta incompetencia en una empresa, ¿cómo podemos estar tan desorganizados?»

2. *Culpar a otros.* «No saben ni por dónde van, son un desastre, nadie se aclara con nada, ni pone orden nunca. Así nos va». Cuando culpabilizamos a otros, generamos sentimientos de impotencia y decepción, pues nos convertimos en meros espectadores de algo sobre lo que creemos que no podemos intervenir.
3. *Tomar conciencia de sus sentimientos y sus necesidades.* «Cuando me escucho decir que somos incompetentes,

me siento profundamente dolido, pues nos esforzamos mucho diariamente por ofrecer el mejor servicio y mantenernos en este mercado tan complejo». Conectar con la emoción que sentimos nos hace tomar conciencia de la necesidad no cubierta. En este caso puede estar relacionada con la necesidad de atención y reconocimiento por su dirección general.

Con este proceso hemos mostrado cómo podemos cambiar nuestros estados emocionales prestando atención a nuestra comunicación. El ejemplo anterior pone de manifiesto cómo alguien puede sentir decepción, angustia o malestar por este motivo. Nuestro propósito es ayudar al cambio de estado emocional, sirviendo como guías que faciliten atravesar el camino.

Nos vamos a encontrar en múltiples situaciones con nuestros clientes en las que aparecerán las emociones básicas que ya conocemos. Como sabemos, todas ellas pueden favorecer o no el proceso comercial, en función de la actuación que decidamos tener en cada caso. Si éste es el mapa de emociones con el que navegamos, para transformarnos en los guías o facilitadores del cambio emocional de nuestros clientes necesitamos herramientas que favorezcan la escucha empática y la reinterpretación de los juicios. ¿Cómo podemos descubrir y explorar las causas de la emoción para facilitar una transformación emocional que deje al descubierto las necesidades no cubiertas?

Aprendiendo a indagar

Hemos hablado de la importancia de saber escuchar, pero tan importante como ésto es saber preguntar. El propósito de indagar no es únicamente obtener información, sino prestar ayuda sincera para encontrar las razones que provocan una emoción determinada y poder así iniciar el proceso de cambio hacia un estado más favorable para ambos.

La historia que te contamos a continuación pone de relieve la importancia de una buena indagación para profundizar en las causas que originan alguna emociones y, por lo tanto, algunas acciones de nuestros clientes.

«Fernando es técnico comercial de una empresa de componentes electrónicos para el sector del automóvil. Desde hace más de diez años, uno de sus mejores clientes emite semanalmente un pedido de elevada facturación, que supone en su cartera más del 30% del volumen de ventas de su zona. Fernando se siente tranquilo pues la relación con su cliente es cordial y, aunque recientemente se ha incorporado un nuevo director de compras en el cliente, nada hace pensar que la situación vaya a modificarse. Como cada viernes, se dispone a realizar la visita de seguimiento semanal, aunque esta vez, se encuentra con una sorpresa inesperada por parte de Alfredo, el nuevo responsable de compras:

–Siento mucho esto que voy a decirte, Fernando, pero hemos decidido cambiar de proveedor. Estoy bastante enfadado desde hace algún tiempo con tu empresa, y dado que existen múltiples competidores intentando entrar en nuestra cuenta desde hace tiempo, he pensado que es un buen momento para darles la oportunidad de meter aquí la cabeza, pues además me hacen una sustancial rebaja en el precio.

¿Qué es lo que interpreta Fernando en esta situación? Casi con total seguridad que se trata de una estrategia de Alfredo para conseguir una reducción en el precio, por lo que el miedo por perder el cliente le lleva a pensar que quizás su única alternativa sea hacerle esa rebaja. Tras una reflexión rápida, lo más probable es que le pregunte qué precio le está ofreciendo la competencia. Y Alfredo le responderá:

–Agradezco tu postura, pero considero que esta relación hace tiempo que debería haber finalizado, por lo que, aunque me reduzcas el precio, no creo que podamos seguir trabajando juntos. Ahora bien, si la reducción es superior al 20%, entonces lo valoraría de otra forma.

¿Qué ha sucedido? La reacción de Fernando se ha centrado en la interpretación que ha hecho de la situación, en la ausencia de preguntas y en el miedo a perder el cliente. ¿Podría haber actuado de otra forma? Para empezar, podría haber indagado más en la argumentación que daba su cliente, a fin de que expusiese con claridad la causa o el origen de su actitud.

Además, algunas de las preguntas que podría haber formulado podrían haber ido orientadas a hacer consciente a Alfredo de lo que supondría el cambio. Por ejemplo:

–Dime una cosa, Alfredo. En estos casi diez años, ¿cuántos problemas habéis tenido con nosotros? ¿Os hemos servido alguna vez piezas defectuosas? ¿Dónde nos hemos equivocado? ¿Cuál ha sido el problema? ¿Estáis preparados para asumir errores en las entregas? ¿Qué sucedería si se diese el caso?

Con estas preguntas, Fernando conseguiría que Alfredo tomara conciencia de las consecuencias de su decisión, y de los riesgos que asume al dejarse llevar por el enfado. También son preguntas orientadas a desarmar los argumentos utilizados por su cliente. Lo importante es que Fernando tome la decisión o no de reducir el precio en base a criterios racionales, es decir, a partir de las respuestas de su cliente. Y, que Alfredo modifique su estado emocional de enfado (que quizás responde a una situación puntual), que provoca una distorsión de la realidad que le puede llevar a tomar decisiones poco reflexivas o carentes de argumentos sólidos.

Por lo tanto, ante las seis emociones básicas que conocemos, y aplicando el proceso de comprensión emocional, las cuatro acciones que, por lo general, podríamos llevar a cabo con nuestros clientes serían:

1. Minimizar,
2. Compartir,
3. Resolver o
4. Normalizar las emociones.

Si nuestro cliente siente tristeza, ¿qué es lo mejor que podemos hacer por él para que se sienta mejor? Podemos intentar *minimizar* su tristeza, pues como emoción que aflige, lograremos un mejor estado emocional si conseguimos reducir la intensidad de la misma. Pensemos que las personas no elegimos sentir lo que estamos sintiendo, pero sí podemos decidir qué hacer con la emoción que sentimos. Todas las emociones tienen detrás una historia que las provoca. Cuando aparece la tristeza, la historia que la precede casi siempre se refiere a algo negativo que ha sucedido, una pérdida del tipo que sea, o una posibilidad que se ha cerrado.

El miedo encierra la presunción de algo negativo que puede suceder, algo importante para nosotros que está en juego, la pérdida de algo o alguien que valoramos o bien la amenaza del cierre de posibilidades.

La ira recoge algo negativo que sucedió o la valoración que hacemos de lo que pensamos que nunca tendría que haber sucedido. Encierra el rechazo ante acontecimientos que no podemos cambiar, o bien, un límite que se ha violado o transgredido.

El asco o el rechazo en ocasiones lo sentimos con nosotros mismos, la culpa en definitiva, cuando quizá hemos sobrepasado nuestros propios límites y ello nos ha provocado consecuencias no deseadas.

La alegría y la sorpresa necesitan ser compartidas y hasta amplificadas, generando un efecto resonante que llegue e impregne a nuestros interlocutores.

Una forma de conseguir gestionar las seis emociones básicas conforme a estos cuatro objetivos, consiste en formular preguntas a nuestro cliente a fin de que reflexione sobre cada una de ellas:

1. **Tristeza.** Objetivo: minimizar. Preguntas: ¿Qué te entristece? ¿Qué sientes que has perdido? ¿Tienes alguna posibilidad de recuperarlo? ¿Qué valor tenía eso para ti? ¿Qué te ayudaría a procesar este estado? ¿Qué te lo impide?

2. **Ira.** Objetivo: minimizar y resolver. Preguntas: ¿Qué te enfada tanto? ¿Qué límite se ha transgredido? ¿En qué te basas para pensar así? ¿Por qué ese límite o valor es tan importante para ti? ¿Qué necesitas para resolver la situación? ¿Qué acciones podrías llevar a cabo para lograrlo? ¿Qué puedo hacer yo para ayudarte?

3. **Asco.** Objetivo: resolver y minimizar. Preguntas: ¿Ante qué/quién sientes eso? ¿Qué valor, norma, límite consideras que se ha violado? ¿De dónde viene?

4. **Miedo.** Objetivo: normalizar. Preguntas: ¿Qué te asusta de esta situación? ¿Qué es lo peor que podría pasar? ¿Qué te hace pensar que eso que dices puede suceder? ¿Has vivido alguna situación similar anteriormente? ¿Qué podrías hacer para evitar que eso que temes suceda?

5. **Alegría y Sorpresa.** Objetivo: compartir. Preguntas:

¿Qué te parece si aprovechamos para terminar la propuesta? ¿Qué ha pasado? Me gustaría que me contases más al respecto...

Las emociones no son estáticas, sino que evolucionan y se combinan dando lugar a nuevos estados emocionales a los que tenemos que estar atentos. Podemos conseguir minimizar la tristeza, pero aparecerá el remordimiento al recordar cómo nos comportamos en esa situación. O bien hemos podido resolver un enfado o minimizar la ira, pero al anticipar situaciones futuras nuestro cliente podrá entrar en un estado de agresividad...

A este proceso se le conoce como la *combinación emocional*, y fue Robert Plutchik, profesor emérito de la universidad de Albert Einstein de Medicina y profesor adjunto en la universidad del sur de Florida, quien lo formuló, ya que Plutchik dedicó su vida a la investigación y al estudio de las emociones, su evolución o su combinación. La teoría de Plutchik tiene diez postulados, aunque podemos sintetizarlos en ocho ya que todas las emociones son el resultado de la mezcla de ocho emociones básicas o primarias (nuestras seis emociones básicas junto con la confianza y la anticipación) y cada emoción tiene un nivel de excitación o grado de intensidad.

Plutchik mostró su modelo de la combinación de emociones inicialmente con un cono (3D), y, posteriormente, con "la rueda de las emociones" (2D), para describir cómo se relacionan entre ellas:

Figura 21. Modelo de combinación emocional de Plutchik

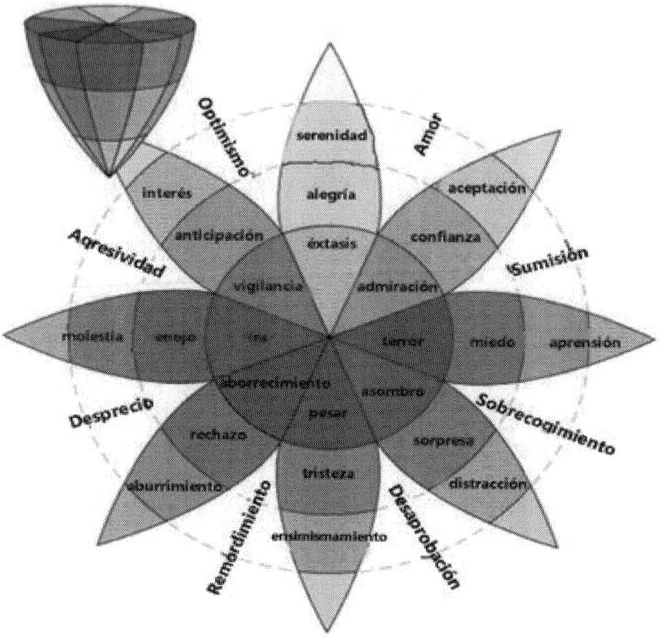

Fuente: *La rueda de las emociones* de Robert Plutchik

Plutchik sugirió ocho emociones primarias opuestas:

1. La alegría frente a la tristeza,
2. El miedo frente al enfado,
3. La confianza frente al rechazo y,
4. La sorpresa frente a la anticipación.

Al igual que los colores, las emociones primarias se pueden expresar con diferentes intensidades y combinar entre sí para formar diferentes emociones.

Plutchik habló de las *emociones compuestas* para explicar el hecho de que, cuando detectamos una emoción, casi con total seguridad hay otras emociones básicas implicadas en el proceso.

Por ejemplo, cuando decimos que nos sentimos optimistas y analizamos qué emociones sustentan nuestro optimismo, seguramente observaremos que en él existe la alegría, y también la capacidad de anticiparnos al futuro.

Conociendo y entrenando la combinación de emociones y cómo evolucionan, estaremos más cerca de comprender los estados emocionales de nuestros clientes.

Entender qué es lo que da lugar a las distintas emociones es un componente fundamental de la inteligencia emocional. El enojo y la irritación pueden dar lugar a la ira, si la causa de la irritación persiste y se hace más intensa. Conocer cómo se combinan las emociones y cambian a lo largo del tiempo es importante a la hora de relacionarnos con los demás y mejorar nuestro autoconocimiento.

Figura 22. Emociones primarias de las emociones compuestas

Emociones compuestas	Emociones primarias
AMOR	Alegría + Confianza
OPTIMISMO	Anticipación + Alegría
ASOMBRO	Miedo + Sorpresa
DESPRECIO	Rechazo + Enfado
REMORDIMIENTO	Tristeza + Rechazo
DECEPCIÓN	Sorpresa + Tristeza
AGRESIVIDAD	Enfado + Anticipación
SUMISIÓN	Confianza + Miedo

A lo largo del capítulo hemos visto que, trabajando la comprensión, podemos llegar a entender qué provoca el estado emocional de nuestros interlocutores. A dicho estado podemos atribuirle una causa, y también prever sus posibles consecuencias si no influimos para modificar su trayectoria. Los pasos son:

1. Interpretar las señales emocionales: observar sin juzgar, aceptar el estado emocional que haya.
2. Prestar mucha atención a las expresiones y al lenguaje, tratando de diferenciar los pensamientos de los sentimientos.
3. Legitimar la emoción, es decir, darle un nombre, etiquetarla y aceptarla.
4. Buscar la necesidad real no satisfecha que provoca esa reacción emocional.

5. Indagar, preguntar y profundizar en ella para tratar de satisfacerla y, de ese modo, tratar de movilizar a nuestro cliente de un estado emocional a otro.

Por último es recomendable formularse dos preguntas que nos pueden ser muy útiles en estas situaciones:

- ¿Qué ha sucedido para que nuestro cliente se sienta inquieto, molesto, triste, o bien alegre, eufórico, feliz? Indagar y conocer qué estímulo ha activado su estado emocional nos proporcionará una información muy útil durante el resto de la conversación y, además, favorecerá la conexión empática.
- Si no intervenimos, ¿cuál será la evolución más probable de su emoción? ¿Cuál será su siguiente estado emocional? Sabemos que las emociones primarias se combinan dando lugar a emociones más complejas o secundarias. La decepción o bien el optimismo de nuestro cliente provienen de emociones primarias como el enfado o la alegría y, además irán evolucionando.

Si no somos receptivos a estas señales emocionales podemos entorpecer su proceso y llegar a un resultado no deseado. Quizás no nos dimos cuenta de que aquél no era el mejor momento para plantear una subida de tarifas, pues nuestro cliente se encontraba en un estado emocional de decepción, (pues no contaba con que íbamos a dejar de prestarle servicio durante los primeros quince días de agosto). O, por ejemplo, pasamos por alto que nuestro cliente había sufrido una pérdida familiar y nos mostrarnos igual que cualquier otro día.

También sabemos que no todo el mundo expresa de igual forma su estado personal. Muchas personas tratan de ocultar sus emociones con el fin de no sentirse vulnerables. Sin embargo, existen múltiples señales, verbales y no verbales, que nos dan luz acerca del camino que debemos seguir para acercarnos más a ellas, empatizar y entrar en su mundo emocional. **Prestar atención a sus palabras, a su lenguaje, hablar de emociones y provocar que las personas expresen exactamente qué sienten y a qué es debido lo que sienten nos permitirá introducirnos en su canal emocional y, por lo tanto, aceptar, compartir, minimizar o resolver cualquier cosa que esté sucediendo.**

Además es muy útil pensar que cualquier enfado, explosión de ira, o situación tensa, se minimiza cuando comenzamos a focalizarnos en las necesidades no cubiertas que las han generado. A partir de ese momento nos volvemos diferentes, dejamos de estar intimidados o apabullados por las reacciones desmedidas de nuestro interlocutor, y nos convertimos tan sólo en testigos de un ser humano cuyas necesidades, expectativas o valores no se están viendo cumplidos. Tal y como nos mostraba el maestro samurái, **lo que resistimos permanece y lo que aceptamos somos capaces de transformarlo.**

Pasamos de estar a la defensiva, que es quizás lo que haríamos en situaciones similares, apelando a lo racional y entrando en un intercambio de despropósitos, a centrarnos en la solución, a ser conscientes del torrente emocional que el otro está sintiendo y a tratar de canalizarlo.

Capítulo 8. El mapa del camino

«Los triunfadores son gente ordinaria, con una determinación extraordinaria».

Estamos muy cerca de finalizar este viaje en el que hemos transitado los caminos del autoconocimiento, la autorregulación, la conciencia y las habilidades sociales. Nos hemos adentrado en los momentos emocionales que vivimos tanto nosotros mismos como con nuestros clientes. A lo largo de este camino hemos descubierto que tenemos el poder de modificar nuestros estados de ánimo, así como de intervenir en nuestros clientes para reconducir situaciones a escenarios que favorezcan resultados comerciales más satisfactorios. Y lo más importante es que, todo ello, nos permite sentirnos mejor, conseguir mejores resultados, ser mucho más eficaces en nuestro desempeño profesional y, en definitiva, ser y estar más felices con todo lo que nos rodea.

Como ya analizamos en el capítulo anterior, convertirnos en herramientas de ayuda para nuestros clientes, invitarles a una reflexión consciente que nos permita intervenir en sus emociones, representa un valor añadido que, en muchas ocasiones, esperamos de las personas que nos prestan servicios. **Hacer tangible lo intangible y dejar una huella positiva en su recuerdo es quizás el gran reto al que nos enfrentamos hoy en día en el ámbito comercial.** ¿Cuántas veces un cliente te ha preguntado qué puedes ofrecerle diferente? La información está disponible para todos, es compartida, los mercados están atomizados, y difícilmente podemos sorprender con innovaciones sin precedentes. **Sin embargo, si hay algo que marca la diferencia, es nuestra actitud.**

La pregunta es, ¿qué podemos hacer diferente para intervenir en la vida de las personas y proporcionarles un bienestar emocional que les lleve a tomar mejores decisiones? **Sí, estamos hablando de ventas, y estamos hablando de una nueva venta que es emocional, es humana.**

En esta última etapa del viaje, queremos compartir contigo algunas técnicas y habilidades que pueden ayudarte a guiar y orientar a tu cliente hacia estados emocionales que le hagan sentirse mejor y, por lo tanto, que le lleven a adoptar una actitud más positiva en su toma de decisiones, más proclive a la compra. En el capítulo anterior aportamos claves para llevar a cabo una correcta indagación, a fin de que pudiésemos ayudar a nuestros clientes a ser conscientes de las razones de su emoción o de las causas de su estado de ánimo. En este capítulo, partimos de esa toma de conciencia para guiar a nuestros clientes hacia un estado emocional que les haga sentirse mejor.

Estar presentes para nuestros clientes, mostrar verdadero afecto e interés, conseguir que se sientan cómodos con nuestra conversación, son sólo algunas de las pautas que ya conocemos para conseguir crear un clima confortable. Sin embargo, cada uno de nosotros está «programado» de una forma única y auténtica. Cada uno tenemos nuestra propia configuración de lo que nos hace sentirnos bien o mal, de lo que nos ayuda o nos beneficia y de lo que nos perjudica o aleja de lo que necesitamos. Ante los mismos estímulos no actuamos todos por igual, no procesamos igual toda la información que nos llega del exterior y, en consecuencia, no somos igual de receptivos con nuestros interlocutores, aunque el mensaje que utilicen sea el mismo.

En este capítulo proporcionaremos pautas y herramientas que te ayudarán a «adentrarte en la mente» de tu cliente, a conocer en detalle su «código de programación», su configuración personal. Sólo así el *software* que utilices podrá ser decodificado con facilidad. A partir de aquí nada quedará sujeto al azar, todos tus mensajes irán dirigidos a ser procesados por tu cliente de forma satisfactoria. Esta forma de actuar nos permitirá establecer una buena sintonía y, lo más importante, comprender cómo interpreta nuestro cliente la realidad y procesa la información, con el fin de poder ayudarle a que se sienta mejor.

Supongamos que nos encontramos con un cliente que se siente abatido. La sobrecarga de trabajo del último mes le ha dejado sin fuerzas y su actitud denota una clara pasividad ante cualquier cosa que suceda. Haciendo uso de lo que aprendimos en el capítulo anterior, nos preguntaremos: ¿Cuál es la razón por la que se siente así? ¿Es ésa la mejor actitud para abordar los proyectos que lleva entre manos tras su reciente promoción a responsable de zona? Éstas y otras preguntas estarán orientadas a que tome conciencia de su estado emocional y a indagar en sus razonamientos para tratar de modificarlos. Ahora bien, ¿cómo sabemos que la argumentación, consejo u orientación que le demos le ayudarán a sentirse mejor? ¿Qué indicadores tenemos para asegurar que la información que le proporcionemos es la que necesita? Quizás, con toda nuestra buena voluntad, le ofrezcamos algunos consejos o recomendaciones como que se tome unos días de descanso, que reflexione sobre su futuro profesional, que ese día se marche antes a su casa y descanse, que quizás haya tenido un mal día y al día siguiente verá las cosas de forma diferente, etc. Pero todo será como «disparar sin apuntar» si desconocemos cuáles son sus palancas motivacionales. Quizás podamos tener suerte, pero vale la pena enfocar al blanco y apuntar al resultado. Queremos que nuestro cliente se sienta mejor, que evolucione de un estado emocional de apatía o desgana a otro de iniciativa y entusiasmo pero, para conseguirlo, necesitamos un mapa que nos guíe por el camino adecuado. Ese mapa se encuentra en nuestros patrones mentales.

¿Estamos seguros de que todos coincidiríamos en lo que nos hace sentir bien en el contexto de la venta? Nos gusta que nos escuchen, que nos valoren, que nos den importancia, que se nos ofrezca el tiempo que necesitamos para pensar, que nos aporten soluciones y que nos ayuden a resolver los problemas. En definitiva, que nos traten como seres humanos en primera instancia, y después que nos hablen de la venta. Sería extraño pensar que alguien discrepase de esta argumentación. Sin embargo, sabemos que lo que para unos es positivo o excelente, para otros puede ser normal o incluso mediocre. Seguro que en más de una ocasión algún amigo te ha recomendado un restaurante o un hotel que le ha sorprendido y ha superado sus expectativas. Cuando decides ir a probarlo, tu valoración, en contra de todo pronóstico, no coincide con la de tu amigo pues, para ti, no ha estado a la altura de lo que esperabas. Todo depende de cuál es nuestra referencia interna cuando procesamos la información.

Cada uno aplicamos unos filtros a la realidad en el momento que la percibimos. Según el tipo de filtro, nuestra percepción cambia y, por lo tanto, nuestra vivencia de la experiencia. Es como mirar a través de un cristal al que podemos cambiar los colores. Según el color que elijamos observaremos un paisaje, radiante y brillante bañado por la luz del sol, o triste y austero como un día nublado. Todo depende del cristal con el que miremos.

Conocer qué hace que nuestro cliente se sienta más motivado ante los argumentos expuestos, qué elementos de nuestra comunicación van a mantenerle interesado, qué le va a estimular positivamente para llevar a cabo un cambio y cómo procesa la información que le mostramos, son las palancas clave que debemos aprender para ayudarle a evolucionar emocionalmente. Sería como averiguar a través de qué color observa y procesa la realidad y describirle el paisaje teñido con los colores que él ve.

¿Qué necesita mi cliente para sentirse motivado en la reunión de ventas que vamos a mantener? ¿Cuáles son los mecanismos que le llevarán a convencerse? ¿Qué palancas utiliza en sus procesos de razonamiento? ¿Cómo suele tomar las decisiones? ¿Qué necesita para ponerse en acción? Éstas son las claves que hay que identificar para tener éxito en nuestro cometido, pues sólo entonces estaremos en disposición de utilizar el lenguaje adecuado para lograr el impacto deseado.

La caja de información

¿Qué aspectos hay que identificar en nuestros clientes para descubrir la información que necesitamos?

En primer lugar, es fundamental que prestemos atención a cómo se comunican, es decir, a qué lenguaje utilizan, y después a sus actuaciones, es decir, a cómo se comportan y qué hacen. En más de una ocasión seguro que has observado a un cliente con una actitud proactiva, es decir, alguien que propone ideas y soluciones, abierto a nuevas propuestas, con una excelente gestión de su tiempo y del de los demás. Las reuniones con él son muy efectivas pues, por supuesto, también es muy resolutivo; una vez que ha analizado un problema y ha encontrado una solución, no invierte un minuto más en seguir dándole vueltas al tema, quiere pasar a otro asunto con rapidez. Este cliente responde a un *perfil proactivo*, un patrón de conducta que se repite en múltiples clientes con los que tratamos. ¿Qué exige de nosotros? ¿Cuál debe ser nuestra actitud para lograr influir positivamente en él o, en el caso de que su estado emocional sea negativo, para ayudarle a que se sienta mejor? El impulso que le motiva a actuar se halla en su interior y suele ser muy intenso. Focaliza el objetivo que quiere alcanzar y busca los instrumentos y las herramientas que le ayudarán a conseguirlo. Busca y encuentra soluciones en lugar de buscar culpables. Con un perfil así, nuestra comunicación deberá ir orientada hacia la positividad, hacia el futuro, hacia el objetivo, hacia la búsqueda de nuevas acciones y hacia todo aquello que le haga conectar con su conciencia de persona de acción. Con este perfil funcionarán palabras o expresiones tales como: «¿A qué esperas?» «¿Qué quieres que hagamos a partir de ahora?» «¿Qué te parece si nos ponemos en marcha?» «Si me pides opinión, yo en tu lugar me lanzaría». «Actúa, es el momento adecuado».

También habrás conocido personas que necesitan tiempo para tomar sus decisiones, necesitan reflexionar y asegurar bien la información que se les muestra, clientes que suelen exigir mucha información en cuanto al contenido y a la forma, los qués y los cómos, que necesitan que todo esté claro, bien definido y que requieren comprender todo perfectamente antes de pasar a la acción. En las conversaciones suelen utilizar el condicional, o las frases impersonales del tipo: «Vendría bien darle una vuelta a la propuesta». En esta caso, estaríamos frente a un *perfil reactivo.* Al igual que en el caso anterior, este tipo de persona requiere que seleccionemos bien nuestro lenguaje a fin de influir positivamente en sus acciones y en su comportamiento. Tendremos que utilizar, como ellos, el condicional y, en ningún caso, hacerles sentirse obligados a posicionarse ante alguna decisión. Si pretendemos modificar su estado emocional, tendremos que sintonizar con su motivación interna lo que, en la mayoría de los casos, supondrá dejarse llevar y que la iniciativa la tomen otros por ellos. Por lo tanto, usaremos frases como: «Ahora que has reflexionado sobre este tema y has analizado la utilidad que puede tener para vosotros la propuesta de la que hablamos la semana pasada, ¿qué tal si valoramos juntos la forma más efectiva de llevarla a la práctica?»

Como ves, se trata de invitar a que tome acción, desde su

propia motivación. Se trata de no forzar nada, que todo fluya y sea natural, de adaptarse a su percepción del mundo mostrándosela tal y como la necesita, sin resistencias ni esfuerzos innecesarios.

¿Cuántas veces te has preguntado qué es importante para tu cliente en vuestra relación comercial? ¿Qué es aquello que es clave para él que tú puedes proporcionarle? ¿Qué espera el cliente de ti o de tu empresa? ¿Qué tendría que suceder para que ese deseo se satisficiera plenamente?

Con estas preguntas estamos tratando de averiguar los valores de nuestros clientes y, para hacerlo, es necesario exponerse y generar un contexto de confianza y empatía que nos permita indagar cómodamente. Se trata de identificar aquello que nuestro cliente elige de forma consciente porque responde a las necesidades que considera más importantes. **La palanca motivacional sobre los valores es una herramienta de elevada potencia para la venta que nos permite incidir sobre ellos en los momentos de necesidad emocional, recordándole al cliente lo que de verdad es importante para él.**

¿Hacia dónde dirige la energía el cliente? ¿Cómo se motiva a sí mismo? Si prestamos atención a su energía motivacional, descubriremos cuál es su fuente natural de recursos, allí donde todos miramos cuando necesitamos salir adelante o reponernos de alguna situación. Nuestro diálogo interior proviene de esa fuente de energía y, por lo general, se sitúa en una motivación orientada hacia los objetivos que se pretenden alcanzar, o bien, hacia la resolución de los temas que se pretenden evitar, es decir, a alejarse de los problemas. Seguro que recuerdas algún cliente con alguna de estas motivaciones alternativas y, si es así, quizás comprendas ahora algo más su actuación en un momento determinado. Las personas que obtienen su energía motivacional centrándose en el objetivo que desean alcanzar, visualizan la meta, el resultado que obtendrán y, desde ese momento, se ilusionan y se inspiran a sí mismos para avanzar. En su conversación es frecuente escucharles hablar de lo que quieren y de lo que desean, en términos de futuro.

Para que nuestra comunicación sea fluida y exista la sintonía que necesitamos para conseguir movilizar a este tipo de clientes de un estado emocional a otro, tendremos que hablar en sus mismos términos, como por ejemplo: «Considero que en esta situación lo más recomendable sería que hablásemos de las ventajas y beneficios de la decisión que tienes que tomar, de esta forma conseguirás una visión más clara y realista del objetivo que pretendes alcanzar».

En el caso de una persona que obtenga su energía motivacional alejándose de los problemas, seguramente en sus argumentos preste especial importancia a la identificación de las dificultades y a todos aquellos obstáculos que pueden alejarle del objetivo. Cuando identifiquemos un perfil así y necesitemos asociarnos emocionalmente a él, podemos disparar su energía motivacional haciéndole partícipe de un problema y estimulándole a resolverlo así: «¿Cómo consideras que debemos proceder para evitar así cualquier problema o complicación?» «¿Por qué es tan importante para ti este objetivo?»

Siguiendo con el mapa de identificación de palancas motivacionales, ¿alguna vez te has planteado cómo es de receptivo tu cliente a los consejos que le proporcionas? Quizás en el día a día no prestamos atención a una variable tan importante para la venta. Puede que nuestro cliente aprecie tus esfuerzos y que éstos le sirvan efectivamente para avanzar, o que, alternativamente, los rechace o cuestione pues no habéis alcanzado un nivel de confianza y seguridad que a él le permita «bajar la guardia». Los clientes necesitan de otras personas para tener la seguridad de que van en la dirección correcta. De este refuerzo obtienen su energía motivacional. Identificarás este perfil cuando observes clientes que preguntan qué hacen otros, cómo funcionan empresas similares, etc. Saben qué es lo que tienen que hacer pero, de alguna manera, buscan confirmación en personas externas. Con ellos tendremos que adaptar nuestra comunicación a su necesidad de conseguir el apoyo necesario que les permita avanzar. En este sentido, es fundamental que les ofrezcamos referencias respecto a qué hacen otros, datos que confirmen las argumentaciones que utilizamos, lo que otros dirían o pensarían, etc.

Otro caso es el de los clientes que saben lo que les conviene y que, aunque escuchen los argumentos y acepten la información que les proporcionamos, los rehacen para adaptarlas a su criterio interno y actuar. Con estos perfiles vamos mal si pretendemos decirles lo que tienen que hacer. Nuestra comunicación en estos casos debería ir orientada a reforzar su palanca motivacional con expresiones del tipo: «Como tú bien sabes...» «Trata de reconsiderar la situación, pues está en tu mano la decisión y sólo tú puedes hacerlo». «La última palabra la tienes tú, yo sólo te he dado mi opinión».

Pensemos por un momento en aquellas personas que se motivan a sí mismas planteando alternativas, posibilidades o soluciones para alcanzar un resultado o resolver un problema. Su energía motivacional se centra en la búsqueda de un camino mejor para llegar a su objetivo, pues buscan cada vez opciones diferentes. Si presentamos a un cliente de este tipo una nueva propuesta, quizás nos pregunte acerca de las alternativas, opciones y posibilidades que existen de llevarla a la práctica o implantarla. Si has pensado que alguno de tus clientes responde a este patrón, lo más recomendable, para influir positivamente en él, sería que nuestra comunicación hablase de oportunidades, de posibilidades, de capacidad de elección por su parte, de romper las reglas o de nuevos modos de hacer. A este cliente habría que hacerle sentir que se mueve en un entorno de flexibilidad para realizar los cambios que considere necesarios, y que estaríamos dispuestos a implementar sus nuevas ideas y modificaciones para asegurar el resultado.

También tenemos el caso de aquellos clientes que se aferran al procedimiento dado y siguen los canales establecidos, pase lo que pase. Podríamos decir que éstos prestan más atención a la forma que al fondo. En sus exposiciones se muestran muy estructurados y centrados en la información que proporcionan. Necesitan que nosotros también les estructuremos la información y que aseguremos el proceso, además de que les mostremos cada uno de los pasos y el camino que seguiremos para la obtención de los objetivos. Con ellos no podemos dejar ningún cabo suelto o al azar, pues entonces se sentirían perdidos. Imaginemos una larga presentación de una oferta en la que hemos hecho un esfuerzo importante por mostrar una estructura sólida de información, con un «primero», un «después» y un «entonces». Pero existe un punto que hemos dejado abierto porque consideramos que la marcha del proyecto lo irá definiendo. En este caso corremos el riesgo de que nuestro cliente focalice su atención en ese aspecto no definido. Es como si la existencia de un procedimiento sólido diese sentido al proyecto completo, y si existiese algún punto que no cumpliese unas pautas dadas, el conjunto perdiese solidez y estabilidad. Ese cliente necesita centrarse en los procedimientos, que es lo que para él justificará el objetivo. Seguro que has escuchado alguna vez a un cliente hacer una exposición de este tipo: «Para que esto pueda llevarse hacia delante necesito que me reduzcas el precio y que la propuesta incluya el servicio de mantenimiento. Sólo así tendré argumentos para poder convencer a mi director general». Por lo tanto, nuestra comunicación con este tipo de clientes deberá ir dirigida a proporcionar estructura, a asegurar los pasos que se van a dar, y a seguir las reglas: primero haremos esto, después lo otro y entonces lo de más allá.

Por último, ¿has observado alguna vez si tu cliente valora más la ausencia de cambios o, si por el contrario, prefiere la transgresión o la evolución? Si tu cliente muestra un perfil conservador, casi con total seguridad preferirá seguir con el mismo producto o servicio que le estamos ofreciendo en las mismas condiciones, como siempre. No le gustan los cambios y la rutina le proporciona seguridad y tranquilidad. Con él nuestra pauta de comunicación y comportamiento deberá ir orientada a que se sienta bien, relajado, manteniendo su necesidad de seguridad y a alejar cualquier sombra de incertidumbre de su mente. En situaciones en las que se produzcan cambios en relación al producto, a la localización, o al equipo que puedan afectarle, nuestra comunicación deberá dirigirse a mantener su buen estado emocional, utilizando expresiones del tipo: «Todo sigue igual que antes». «Es lo mismo, vamos a trabajar de la misma forma que hasta ahora lo hemos hecho».

Por el contrario, si tu cliente adopta comportamientos y actitudes transgresoras porque necesita cambios, los solicita, busca continuas novedades y trata de ir por delante de la evolución del mundo, y podemos ofrecerle algo muy revolucionario, casi con total seguridad lo aceptará si ya tiene la confianza y la seguridad de que en el pasado no ha habido ningún problema con tu empresa en estos casos. Nuestra comunicación, (al igual que hicimos con el perfil proactivo), deberá ir dirigida a alentar el cambio, a movilizar a la acción, a lo que es único, revolucionario e irreconocible.

Figura 23. Resumen de perfiles psicológicos y sus «claves de acceso»

Programas o *software*	Claves de acceso *(drivers)*
Proactivo	¿A qué esperas? ¿Qué quieres que hagamos a partir de ahora? ¿Qué te parece si nos ponemos en marcha? "Si me pides opinión, yo en tu lugar me lanzaría". "Actúa, es el momento adecuado".
Reactivo	"Ahora que has reflexionado sobre este tema y has analizado la utilidad que puede tener para vosotros la propuesta de la que hablamos la semana pasada, ¿qué tal si valoramos juntos la forma más efectiva de llevarla a la práctica?"
Valores	Recordarle al cliente lo que de verdad es importante para él.
Hacia el objetivo	"Considero que en esta situación lo más recomendable sería que hablásemos de las ventajas y los beneficios de la decisión que debes tomar de esta forma conseguirás una visión más clara y realista del objetivo que pretendes alcanzar".
Lejos del problema	¿Cómo consideras que debemos proceder para evitar así cualquier problema o complicación? ¿Por qué es tan importante para ti este objetivo?
Pide feedback	Ofrezcamos referencias respecto a lo que otros hacen, datos que confirmen las argumentaciones que utilizamos, lo que otros dirán o pensarán.
Rechaza feedback	"Como tú bien sabes". "Trata de reconsiderar la situación, pues está en tu mano la decisión y sólo tú puedes hacerlo". "La última palabra la tienes tú, yo sólo te he dado mi opinión".
Alternativas	Oportunidades, posibilidades, capacidad de elección por su parte, romper las reglas o nuevos modos de hacer.
Procedimientos	Seguir las reglas, primero haremos, después y entonces...
Conservador	"Todo sigue igual que antes". "Es lo mismo, vamos a trabajar de la misma forma que hasta ahora lo hemos hecho".
Transgresor	Alentar el cambio, movilizar a la acción, a lo que es único, revolucionario e irreconocible.

Hasta ahora hemos identificado las características que nos ayudan a comprender las palancas de motivación que nuestro cliente activa, y qué lenguaje debemos utilizar para guiarle hacia estados emocionales más positivos. Todo ello nos demuestra la importancia de observar, escuchar, sentir y, sobre todo, evitar juicios de valor, pues sólo así tendremos la oportunidad de ver lo que ellos ven y sentir lo que ellos sienten, sintonizar adecuadamente con ellos, y estar para lo que necesiten.

Energía y emoción: las coordenadas del cambio

El nivel de energía que tenemos y la emoción que sentimos provocan estados emocionales que, como sabemos, pueden favorecer, limitar o impedir que alcancemos los objetivos que nos proponemos. Las palancas motivacionales nos permiten identificar cuál es el manantial de energía del cliente, dónde tenemos que llevarle para que se «recargue» de nuevo para continuar avanzando. Pero además, prestaremos también atención a su emoción, para intervenir en ella y transmutarla hacia otra más positiva y favorable para la compra. Para comprender mejor lo que pretendemos, piensa en ese día en que te has levantado para ir a trabajar y, tu nivel de energía es bajo o medio bajo. Te cuesta hacer todo, moverte, vestirte, etc. Sin embargo, tras un «chequeo emocional» verificas que tu emoción es positiva, que te sientes bien, alegre, satisfecho y feliz con tu vida, tu trabajo, tus amigos, tu familia. Entonces, ¿podría deberse esa bajada de energía a que tu sistema inmunológico te esté protegiendo de algún virus próximo y provoca ese cansancio o agotamiento? En cualquier caso, ¿cómo será tu actitud hoy? Seguramente, será uno de esos días en los que preferirás escuchar a intervenir, reflexionar a actuar y quedarte en un segundo plano.

Los clientes con palancas motivacionales proactivas, normalmente mantienen niveles de energía altos y emociones positivas. Su actitud, de constante movimiento y dinamismo, nos obliga a adaptarnos a su estado emocional para conseguir su receptividad. Los clientes reactivos, en cambio, pueden poseer energía media o baja aun sintiendo emociones positivas.

Si la emoción de nuestros clientes es negativa por cualquier circunstancia, pero su nivel de energía es alto, su comportamiento se caracterizará por la impulsividad, la agresividad, o la competitividad, y tenderán a desafiar constantemente a su interlocutor. En este caso sería mejor aceptar sus argumentaciones y no tratar de razonar con ellos sino, más bien, limitarnos a escuchar y observar, pues ya sabemos que, cuando sus emociones cambien, también lo harán sus pensamientos.

Puede suceder que nos encontremos con una situación de emoción baja o negativa y energía también baja. En este caso, la capacidad de razonar o procesar la información estará «secuestrada» por la emoción negativa, con lo que nuestro cliente mostrará desinterés, desgana, apatía y hasta despiste. Sabemos que estará en cualquier otra cosa menos en nuestra conversación. Sólo hay que fijarse en su lenguaje corporal. En estos casos, es más importante que nunca encontrar su palanca motivacional. Es decir, si conseguimos identificar su motivación, podremos activar a través de nuestra comunicación su receptividad; su emoción cambiará si logramos captar su atención. A partir de ese momento, aunque su nivel de energía sea bajo, podremos «trasladarlo» de un estado emocional a otro.

Figura 24. Estados emocionales de nuestros clientes

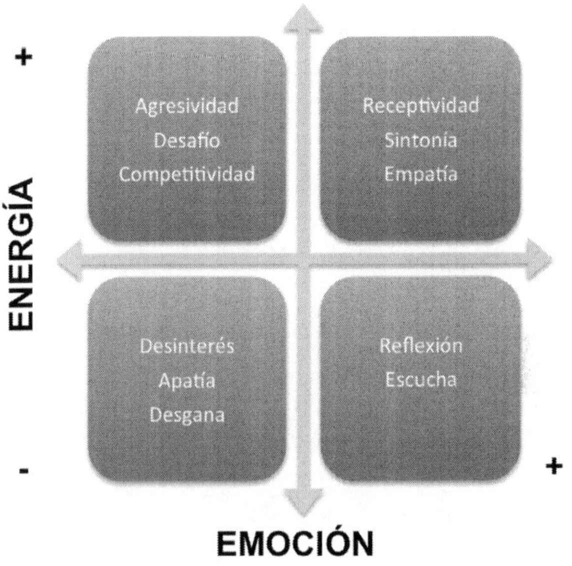

Nuestro reto consiste en trasladar el estado emocional de nuestros clientes de un lugar a otro. Podremos cambiar sus emociones si logramos activar sus palancas motivacionales y, para ello, debemos prestar atención a los procesos de pensamiento que activan su energía motivacional. Quizás no podamos influir en su nivel de energía, (pues ésta es autónoma y depende de múltiples variables), pero sí podremos tomar las decisiones que consideremos más oportunas para adaptarnos a él, como, por ejemplo, dejar la visita para otro día o plantear alguna alternativa de emisión del pedido que no necesariamente requiera la presencia del cliente.

Podemos influir en la emoción, movilizando al cliente a una acción positiva. Adaptando nuestro lenguaje, estaremos más cerca de conseguirlo.

Los pasos que te proponemos para que «movilices» a tu cliente a una acción positiva son:

- «Chequear» su nivel de energía e identificar sus emociones.
- Preguntar para confirmar y validar tus impresiones.
- Generar el contexto adecuado.
- Conversar empáticamente, mostrar un interés sincero en tu interlocutor.
- Escuchar atentamente para identificar sus palancas motivacionales.
- Sintonizar, adoptar el estado emocional de tu cliente y adaptar tu lenguaje.
- Aceptar todo lo que suceda e incorporarlo a tu comunicación. La improvisación es dejar que las cosas fluyan.
- Invitar a tu cliente a que tome acción, atreverte a traspasar la línea, pensar para triunfar, no para evitar el fracaso.
- Acompañar a tu cliente en el proceso. Hacerle sentirse comprendido y valorado.
- Verificar cómo se siente después de todo el proceso y dibujar juntos el futuro.

Para movilizar a nuestro cliente, debemos adoptar una actitud abierta, ser muy receptivos a lo que siente él y a lo que sentimos nosotros, para que, en lugar de reprimir las emociones, las podamos utilizar para tomar mejores decisiones. Esta capacidad de manejar las emociones con éxito implica ser conscientes de ellas, aceptarlas y utilizarlas en la solución de los problemas. Se trata de que aprendamos a valorar cuál es la mejor decisión que podríamos tomar en una determinada situación para conseguir un objetivo que implica a otra persona.

Por ejemplo, ante una situación de conflicto, ¿cuál debería ser la mejor gestión emocional para que nuestro interlocutor modifique su actuación, canalice su emoción y la dirija hacia un estado diferente en el que el resultado sea más satisfactorio para ambas partes?

Seguramente, a lo largo de nuestra vida personal y profesional, nos hemos encontrado con situaciones en las que nos hemos parado y hemos tomado la decisión de actuar de forma distinta a la que instintivamente nos «pedía el cuerpo». No se trata de reprimir las emociones, sino de integrarlas en nuestro proceso de pensamiento. Con nuestros clientes es fundamental que hagamos de guías para ayudarles a canalizar sus emociones y favorecer así la toma de decisiones.

«Tras un cuatrimestre muy duro, con unos objetivos que parecían inalcanzables, te sientes muy satisfecho pues has alcanzado los indicadores objetivo con un elevado nivel de desempeño. Sin embargo, no ha sido así para el resto de tus compañeros. Tú has sido el único comercial del equipo que ha sobresalido, mientras que los demás han recibido críticas muy duras. Tu responsable de área te ha felicitado y, muy sorprendentemente, hasta tu director regional. Las críticas recibidas por tu trabajo han sido muy buenas. Te sientes pletórico y con la energía muy alta. Te sientes muy orgulloso de ti mismo, y con la autoestima reforzada al máximo. Sientes la necesidad de compartir esta plenitud entre tus mejores amigos y compañeros. ¿Consideras que eso sería apropiado para mantener tus relaciones en el buen nivel en que se encuentran en ese momento? Aunque es bueno sentir orgullo de uno mismo cuando todo va bien, algunas personas pueden valorarlo como arrogancia o sentir envidia. Finalmente decides compartir tu euforia sólo con aquellas personas más cercanas o más íntimas».

Sin apenas ser conscientes, nos pasamos la mayor parte de nuestro tiempo tomando decisiones respecto a cómo actuar para que nuestras acciones sean acertadas y no caer en la trampa de nuestros estados irreflexivos.

Manejar adecuadamente nuestras emociones supone integrarlas en nuestras reflexiones para que nos favorezcan. ¿Qué es lo mejor que puedo hacer en esta situación? ¿Qué es lo mejor que puedo hacer por mi cliente cuando se encuentra en ese estado?

La habilidad para manejar adecuadamente las emociones es una de las más complejas que intervienen en el entrenamiento de nuestra inteligencia emocional, pues supone la capacidad de estar abierto a los sentimientos, tanto positivos como negativos, y reflexionar sobre los mismos para descartar o aprovechar la información que los acompaña. Abarca, además, el manejo de nuestro mundo intrapersonal y también del interpersonal, esto es, la capacidad para regular las emociones de los demás, poniendo en práctica diversas estrategias de regulación emocional que modifican tanto nuestros sentimientos como los ajenos, moderando las emociones negativas e intensificando las positivas.

Saber cuándo es un buen momento para alentar al cliente a que tome una decisión, o ayudarle a reflexionar cuando se enfrente a un conflicto interno, saber cuándo y cómo utilizar la crítica constructiva ante un cambio de condiciones, es un proceso emocional complejo y de regulación consciente que forma parte del crecimiento personal.

Ya sabemos que toda emoción tiene una utilidad. El enfado, el miedo, e incluso el asco, pueden llegar a ser fuentes de creatividad y comunicación. Algo como compartir la tristeza puede hacer que las personas se sientan más unidas. **La regulación emocional depende del trabajo combinado de los centros emocionales y los centros ejecutivos situados en la región prefrontal del cerebro.**

Ambas habilidades constituyen el núcleo de las cinco competencias emocionales básicas que conforman el manejo emocional:

1. **Autocontrol: Mantener los impulsos nocivos y conflictivos.**
2. **Fiabilidad: Ser íntegro y responsable. Actuar éticamente y responsabilizarse de los objetivos.**
3. **Consciencia: Estar presente, aquí y ahora.**
4. **Adaptabilidad: Ser lo suficientemente flexible para responder rápidamente a los cambios.**
5. **Innovación: Permanecer abierto a ideas y a enfoques nuevos.**

Epílogo

Cuando éramos unos niños y todavía no habíamos aprendido a ir en bicicleta mirábamos a otros niños pedaleando a toda velocidad y casi nos parecía imposible que algún día pudiésemos hacer nosotros lo mismo. Sin embargo, nuestro deseo de divertirnos tanto como ellos, de sentir cómo sería eso de correr en la bicicleta, y todas las posibilidades que imaginábamos, nos hicieron tomar la decisión de querer aprender a hacerlo. Y nos pusimos a ello.

Vinieron las primeras experiencias y, con ellas, las primeras caídas que harían que tocásemos el suelo con bastante frecuencia. La situación oponía resistencia y hasta, en algunas ocasiones, llegamos a desistir en el empeño. Sin embargo, aunque en nuestra mente se hubiera generado una lucha con la bicicleta, permanecía inmóvil esa imagen, esa vivencia del momento en el que nosotros también iríamos corriendo contra el viento subidos en nuestra bicicleta. Lo habíamos imaginado, lo habíamos soñado tantas veces, que ya era casi una realidad.

Y tras la gran decisión de quitar los «ruedines», y de levantarnos una y otra vez, estábamos al fin preparados para sentir lo que nuestra mente había imaginado. Ya sabíamos que lo conseguiríamos, la diferencia estaba en que habíamos incorporado en nuestro aprendizaje la vivencia y la experiencia que día tras día habíamos ido adquiriendo.

Con nuestras luchas, nuestros retos, nuestros desánimos, nuestras decepciones, y también nuestras alegrías, logros y emociones positivas, casi sin darnos cuenta crecemos emocionalmente, incorporamos nuevos aprendizajes que seguirán estando ahí, toda nuestra vida.

Seguramente tus años de experiencia te avalan, te han

ayudado a llegar donde estás hoy, a ser el profesional en el que te has convertido. Pero quieres volar más lejos, quieres ser mejor hoy de lo que eras ayer. Eres capaz de imaginar cómo será tu vida, cómo te sentirías profesionalmente si fueses capaz de dejar atrás las amarras, aprendiendo a ir en bici, pero sin las ruedas de apoyo.

Si lo puedes imaginar, entonces puedes hacerlo. Pero hay que estar dispuestos a abonar un precio. El precio del esfuerzo, de la superación, de mostrarte vulnerable, de sentir con el corazón. Un buen día, como por arte de magia, sentirás que ya no eres el mismo, observarás que el mundo ha cambiado, percibirás a tus clientes más receptivos, obtendrás mejores resultados sin tanto sufrimiento, sin miedo a fracasar. Ese día habrás volado y habrás aprendido, ese día te habrás liberado de los «ruedines».

Es apasionante hacer uso de todas nuestras posibilidades; cuando te retas a ti mismo, cuando te propones conseguir hoy algo más de lo que has obtenido hasta ahora, casi sin darte cuenta has avanzado un paso más, has incorporado un aprendizaje que ayer no tenías, hoy eres un poco mejor que ayer.

A todos nos da miedo el fracaso, a todos nos paraliza el miedo a fallar, a que otros sean conscientes de nuestras carencias. Sin embargo, observa si tus actuaciones están más dirigidas a evitar el fracaso o a conseguir triunfos, pues eso te proporcionará toda la información que necesitas para comenzar a dar pasos hacia adelante y superarte.

Si nos quedamos en las actuaciones que nos protegen del fracaso estaremos siempre en el mismo sitio, nos autojustificaremos para no hacer y seguramente encontraremos argumentos válidos que nos reafirmen y nos dejen tranquilos. Pensamientos del tipo: «No le voy a decir nada, no vaya a ser que...»; «deja las cosas como están y no mareemos»; «es que a lo mejor piensa que...»; «no quiero que piense que soy...», etc. Éstas y otras muchas frases las habrás escuchado, o incluso las habrás dicho tú mismo en alguna ocasión. Inmovilismo, inacción, reactividad, en definitiva, continuar en nuestra zona de confort, ésa que no nos deja evolucionar.

Por el contrario, las actuaciones orientadas a conseguir triunfos provocan que nos «atrevamos», que nos «expongamos», que nos mostremos «vulnerables», que «conectemos» con nuestros clientes, que «hagamos» preguntas para conocerlos, que queramos estar más cerca del ser humano que tenemos frente a nosotros. Para ello, nuestra comunicación, precedida de nuestros pensamientos será del tipo: «¿Qué pasaría si le planteo...?»; «¿qué te parece si hacemos...?»; «¿te has planteado que...?»; «¿y si...?»

Seguro que leyendo estas preguntas te han venido pensamientos a la cabeza o recuerdos de conversaciones pasadas con tus clientes en las que podías haber obtenido un resultado distinto.

A partir de aquí sólo tienes que probar. Ten experiencias por ti mismo, verifica qué te hace sentir más cómodo, qué te proporciona mejores resultados. Qué te paraliza y debes mejorar o qué debes desarrollar para poder avanzar. El éxito y el fracaso son experiencias emocionales. Michael Jordan tuvo el valor de hablarle así al mundo de sus fracasos: «He fallado más de nueve mil tiros en mi carrera. He perdido casi trescientos partidos. En veintiséis ocasiones han dejado en mis manos el lanzamiento definitivo y no lo he anotado. He fallado una vez tras otra a lo largo de mi vida, y por eso he triunfado».

A lo largo de este libro hemos pretendido plasmar un modelo de inteligencia emocional aplicada al área comercial, pues partimos de la firme convicción de que las ventas son una actividad eminentemente humana y, como tal, requieren para su óptimo desempeño el conocimiento, el aprendizaje y el entrenamiento de la inteligencia emocional como habilidad fundamental para alcanzar resultados satisfactorios.

Todos hemos escuchado hablar de la importancia del magnetismo, del carisma, de la versatilidad, de las habilidades de persuasión e influencia que caracterizan a los mejores comerciales. Y también hemos escuchado que hay quien «nace» con estos dones y lo tiene más fácil. La predisposición genética puede jugar un papel importante para que el recorrido sea más favorable, pero la inteligencia emocional es una habilidad y, por lo tanto, puede ser entrenada.

Nuestro mundo interior condiciona nuestro mundo exterior. Nuestra mente y nuestro cuerpo trabajan en equipo. Incorporar en nuestro día a día determinado tipo de pensamientos favorece una interpretación saludable de la realidad. En estas páginas hemos querido trasladar nuestro conocimiento, nuestra convicción y nuestro deseo de que incorpores a tu vida parte de las enseñanzas de este libro para que tu ámbito profesional sea más satisfactorio y más pleno.

Como ya sabemos, el desarrollo de la inteligencia emocional es la base de nuestra felicidad y plenitud. Es el componente fundamental para que nos sintamos realizados. Sabemos también el impacto que nuestros pensamientos y emociones tienen en nuestras actuaciones tanto para nosotros mismos, como para los demás. Es por ello que, a lo largo del libro, hemos expuesto con especial énfasis la importancia del entrenamiento de la atención, pues es el cimiento básico de la inteligencia emocional. Mantener nuestra mente tranquila, centrada y clara nos permite un uso de nuestros recursos y capacidades al máximo nivel.

Si nuestra atención está entrenada seremos mucho más conscientes de lo que nos sucede, tanto a nivel de pensamiento, como a nivel físico y emocional. Nos conoceremos mucho mejor a nosotros mismos y, en consecuencia, conoceremos también a los demás.

El desarrollo y el entrenamiento de la inteligencia emocional nos aporta diversos beneficios a nuestra vida y, a nivel profesional, mejores resultados. El Dr. Martin Seligman, eminente investigador de la psique humana y fundador de la corriente científica de la psicología positiva, sostiene que la auténtica felicidad no sólo es posible, sino que puede cultivarse identificando y utilizando muchas de las fortalezas y rasgos que ya poseemos. Las personas optimistas superan en resultados a sus compañeros pesimistas. Y el optimismo comienza por poner el foco en nuestras áreas fuertes, en lo que tenemos que nos permite disfrutar: ser alegres, generosos, serenos y solidarios.

El desarrollo de la inteligencia emocional nos permite crear las condiciones para nuestra felicidad. Conocer cómo funciona nuestra mente, identificar las emociones, percibir los estímulos y prestar atención a su impacto en nuestro equilibrio, nos proporciona el poder necesario para decidir cómo queremos gestionar lo que nos sucede, cómo queremos que nos afecte lo que pasa y, por lo tanto, cómo queremos sentirnos ante determinados capítulos de nuestra vida.

En realidad, todos deseamos lo mismo, la diferencia radica en que no todos ponemos la atención ni somos receptivos a los mismos estímulos. Vivimos en mundos interpretativos y, de acuerdo con el sentido que le demos a una situación, tendremos una emoción u otra. Cuando profundizamos en los procesos más humanos nos damos cuenta de que todos queremos sentirnos bien, sentirnos felices, todos tenemos un corazón que nos acerca a los demás si somos capaces de conectar con él. En ocasiones, necesitamos que nos ayuden a ver el camino más adecuado para alcanzar ese fin.

En palabras de Goleman: «Se trataría de proporcionar inteligencia a la emoción transformándola en algo productivo». No podemos cambiar el pasado, pero sí podemos diseñar el futuro. No podemos elegir la emoción, pero sí podemos elegir nuestras acciones. Podemos sentir enfado y ganas de agredir cuando nos sentimos dañados, pero podemos elegir una respuesta diferente a aquello que impulsivamente querríamos hacer.

Durante décadas la actividad profesional ha estado desvinculada del mundo emocional. Todavía hoy, en algunos entornos profesionales, expresar las emociones puede valorarse negativamente. Hacerlo es entendido como debilidad y se corre el riesgo de quedar expuesto a la mirada o la crítica de otros, de perder valoración o el respeto. Pero las emociones, como ya sabemos, están presentes en toda relación humana. Las situaciones de nuestro cliente, lo que para él son problemas o insatisfacciones, son situaciones emocionales y, para llegar a él debemos incluir también nuestra emocionalidad y hacerla visible.

La venta es eminentemente emocional y supone trabajar con la emocionalidad de las personas. Como vendedores, nuestra primera tarea será trabajar la nuestra, entender cómo interpretamos la realidad, percibir cómo nos afectan nuestros pensamientos y cómo éstos influyen en cómo nos sentimos. Seguidamente, tendremos que centrarnos en la emocionalidad de nuestros clientes. Identificarla, reconocerla y usarla de la forma más óptima posible para conseguir llegar a mejores decisiones.

Conocernos mejor a nosotros mismos nos permite conocer mejor a otros y hacernos más iguales. Hablar de sentimientos, expresar las emociones, nos permite conectar con la humanidad que todos llevamos dentro. Dejar a un lado nuestro «ego» para centrarnos en lo que hace bien al otro, cultivar la generosidad, el altruismo, la ayuda provocará que nuestros entornos profesionales se conviertan en espacios saludables, en momentos humanos que todos queremos compartir. **Generar el contexto adecuado para que la expresión emocional de tu cliente sea posible es tu responsabilidad y, sobre esto, se asentará la confianza necesa-**

ria para que todo lo demás fluya y sea posible.

Resolver problemas con la mejor de las actitudes para alcanzar los mejores acuerdos posibles para ambas partes, querer sinceramente llegar a lo más profundo del corazón de nuestros clientes, conocer qué quieren realmente, desear saber qué podemos hacer para conseguir incrementar su satisfacción, todo ello requiere un profundo conocimiento de nosotros mismos puesto al servicio de los demás.

No hemos escrito un libro de ventas, hemos escrito un libro que te ayude en el camino de obtener una mejor versión de ti mismo, que te impulse y te haga evolucionar para ir más allá de tus límites, para que contemples nuevas posibilidades y nuevas oportunidades en tu trabajo diario.

Cuando vendemos con *feeling*, abrimos una ventana hacia el ser que habita dentro de cada uno de nosotros. Es la diferencia que marca la diferencia.

KOLIMA
BOOKS